情熱思考

夢をかなえた45人の物語

中経出版

はじめに

この本を通じて、あなたと出会えたことをうれしく思います。

今、あなたが手にとっているこの本を書かせてくれたのは、私の心の中にある情熱でした。

この情熱は、どんな困難にあっても、何度失敗してもあきらめず、自分の夢をかなえた人たちが私に与えてくれたものです。

それは、私が事業に失敗したことがきっかけでした。32歳で興した会社を7年間かけて大きくし、もう少しで株式を上場できるところまできた矢先のこと。社運を賭けた一大プロジェクトがうまくいかずに事業に失敗し、事業家として信頼も、一緒にやってきた仲間も、資金も、すべてを失い、まったくゼロの状態に……。というよりも、多額の負債を背負い、マイナスの状態になってしまったのです。

「私の夢は終わった……」

私の心から情熱の炎が消えかかった時期でした。

そんなとき私は、ある男性の物語と出会ったのです。彼の波乱万丈な人生を知って、私は一気に情熱の炎を取り戻しました。


彼は、30代半ばで始めたガソリンスタンドの経営に失敗。新しく始めたレストランの経営がやっと軌道にのったころ、一緒に働いていた息子を亡くし、さらにレストランが火事に。

その後、独自のスパイスと調理法でつくる料理を考え出し、経営を立て直すが、お店の近くに建設されたハイウェイで、車の流れが激減。ついに彼はレストランを手放すことになる。

彼の手元に残ったのは1台の車だけ。


ただ、そんなどん底の中でも、自分が開発したスパイスと調理法を教えるフランチャイズ・ビジネスの原型となる事業を思いつく。

そのとき、彼の年齢は65歳。

車で生活しながら全米をまわり、売り込みを続ける。その結果、最初に契約をもらったのは、1010人目だった。


彼のつくったフランチャイズ・ビジネス「ケンタッキー・フライドチキン」は、現在、世界80カ国に1万店舗以上展開している。

その人の名は、カーネル・サンダース。

不屈の精神、燃える情熱は大成功を収めた。


彼は私に、「夢をかなえるのに定年はない」「あきらめなければ、夢はかなう」ということを教えてくれました。


私が事業に失敗したのは、まだ39歳のとき。

彼から情熱というギフトを受け取った私は、マイナスから再スタートを切ることができました。そのおかげで今、経営コンサルティングや社員研修、自己啓発のセミナーを行なう事業を成功させ、47歳になった今でも、新しい夢にチャレンジすることができているのです。

この経験がきっかけとなり、私は、夢をかなえて世の中に大きな功績を残した人たちの人生を学び始めました。すると、その人たちにはいくつかの共通点があることに気づいたのです。

1　夢を持つ——いつでも未来を想像していた。妄想と呼ぶほどの大きな夢です。

2　夢を見る——いつも考え、ワクワクしていた。情熱の源です。

3　夢を話す——いつも、「自分はできる」ともうひとりの自分に言い聞かせ、自信をつくっていた。

4　夢に向かう——実際に行動した。できるかどうかやってみないとわかりません。

5　夢に生きる——絶対にあきらめなかった。どんな困難が起きても、努力し続ければ、夢はかなうということです。

そうです。夢をかなえた人たちは、みな、夢を持ち続ける情熱を持っていたのです。

世に名を残した科学者、政治家、芸術家たちなど、偉人や成功者と言われる人たちも、はじめはみんな普通の人間です。むしろ、大きなハンディを背負い、マイナスからの挑戦であった人が大勢います。

その障害や困難を乗り越えてきた秘訣が、彼らの心の中にある情熱だったのです。

この本を手にしてくださったあなたの人生にも、試練やピンチが訪れることがあるでしょう。

仕事で失敗をしたとき、大きな挫折を感じたとき、夢に近づけない自分の人生に憤りを感じたとき、この本の中の、夢をかなえた45人の物語を読んでみてください。

どこから読んでもかまいません。好きなページを開いてみると、そこには、あなたに元気をくれる言葉や情熱があふれています。

あなたの大切な人々にも、このストーリーをギフトとして教えてあげてください。

あなたの人生が、あなたの毎日が、愛と情熱に満ちた日々となり、あなたの夢や希望がかなうことを、心からお祈りいたします。

是久　昌信

情熱思考　目次

カバー・本文デザイン　長坂勇司

情熱思考

夢をかなえる魔法の履歴書

あなたに魔法の履歴書をあげよう。
書いたことが現実になる魔法の履歴書を。
あなたのなりたい職業を書いてみよう。

何歳からでもＯＫ。学歴、経験不問。

職業を決めたら、どんな仕事をしたいのか
日づけと経歴を記入しよう。

以前、
この魔法の履歴書を手に入れた少年がいた。

少年は10歳から映画監督をやると決めた。

実際、少年は
9歳のときに8ミリカメラで撮影を開始。
8本も映画を撮っていた。

17歳で撮影所にもぐり込み、
空き部屋を自分のオフィスとして使った。

撮影所では名監督になりきり、
いろいろな所に出没していた。

そのときすでに、
大ヒット作を何作もつくることは決めていた。
自分が世界一の監督になると決めていた。

そして、魔法の履歴書に書いたとおり
21歳で出資者と出会い、
ヒット作をつくった。

履歴書どおり、
映画会社と契約を結び、
履歴書どおり、
次々と大ヒット作を世に送り出した。

1971年 『激突』
1975年 『ジョーズ』
1977年 『未知との遭遇』
1979年 『1941』
1981年 『レイダース』
1982年 『E.T.』

彼はきっと今も
魔法の履歴書に書き込んでいる。

魔法の履歴書は自分の夢を引き寄せる
自分の夢のシナリオだ。

氏名：スティーヴン・スピルバーグ
生年月日：１９４６年12月18日
年齢：63歳
職業：映画監督

信条：
「大きなことを夢見よう！
決して途中であきらめてはいけない。
あなたを成功へと駆り立てるような
習慣を育てるのだ」

あなたも魔法の履歴書を書いてみよう。
年齢、学歴、経験は関係なし。
いつからやるのか決めるだけだ。

あなたの夢を始めよう。
あなたの夢をかなえよう。

「なぜ」が世の中を目覚めさせる

12歳の少女は母親が死に、父に捨てられ、
孤児院に入る。
孤児院を出た彼女は裁縫の仕事についた。

そして、趣味でつくった帽子のデザインが認められ、
27歳で帽子専門店を開店。
30歳、服飾小売店を開店。
33歳、デザイナーとして、
オリジナル・ブランドを発売することになる。

当時の女性はコルセットをつけて、
重いドレスを着て、
おとなしくしていることが当たり前だった。

彼女は自分自身に問いかけた。
「なぜ、女性はきゅうくつな服装に
耐えなければならないのか？」

彼女の「なぜ」は
世の中を目覚めさせる
黄金の答えを導き出した。

その結果、シンプルで着心地がよく
ムダのないドレスが誕生した。

さらに彼女は問いかけた。
「なぜ、女性はドレスを着て、
おとなしくしていなければならないのか？」

この疑問から、
軽快なパンツ・スーツのスタイルが誕生した。

彼女の疑問は当時の女性の価値観を変え、
女性が社会で活躍するきっかけとなった。

そして、さらに彼女の
「なぜ、香水はどれも同じ香りなのか？」
という疑問から、
いろいろな香水の試作品が誕生した。

彼女はそのうちの10種類の試作品を
お店の顧客に無料でプレゼントした。
すると、それが大評判に。

とくに人気だった試作品のひとつを
百貨店で販売することになる。

その試作品は5番目にできた製品なので、
名前を「Ｎｏ．５」とした。

そう、彼女の名はココ・シャネル。

ドレス嫌いで、ショートヘアのファッション界の革命児は
常に「疑問」を投げかけ、
世の女性に「質の高い人生」を与えた。

彼女は常に、「古い価値観にとらわれない」を信条に
「女性の体と心を解放させる」
というビジョンを達成したのだ。

「なぜ」は世の中を目覚めさせる
黄金の答えを引き出してくれる。

あなたの「なぜ」をもう一度、書き出してみよう！

世の中が目覚めるときを待っている！
そして、「なぜ」はあなたの人生も変革する！

その言葉を信じるな

彼はどんなときも
その言葉を信じようとはしなかった。

自分に対して
その言葉を絶対に使わないと約束していた。

その言葉とは、「君には無理だよ」

この言葉を使いたがる大人を
信じてはいけない。

大人たちは自分と同じように
夢をあきらめてほしいと
願っているからだ。

彼はバスケットボールに出会い、
有名高校でスター選手になることを
夢見た。

しかし、神様のいたずらで、
彼はバスケットボールでは無名の高校に
強制的に入学させられる。

それでも少年は夢を信じ、
だれよりも熱心に練習をした。

高校のチームに勝利をもたらすことに
最善をつくした。

1年生にもかかわらず試合で36得点をあげ、
「マジック」という名で
呼ばれるようになる。

そして大学に進学した彼は
プロにスカウトされる。

プロチームでは、長身だった彼に
ポイントガードと呼ばれる、
通常、背が低く、器用な選手がつとめる
ポジションが与えられた。

それは、チームの「司令塔」的な役割を
担うポジションだった。

まわりは、
「君には無理だよ」
と猛反対した。

それでも彼は
あきらめなかった。

そして、
彼は少年時代からのあこがれの選手とともに
チームを優勝へと導いたのだ。

彼はトップ・スター・プレーヤーとなった。
彼の名はアーヴィン・ジョンソン。

人々は彼を
マジック・ジョンソンと呼ぶ。

彼は次々とマジックを起こした。

オリンピックでは金メダルを取った。

32歳のとき、
ＨＩＶに感染し、引退をしたが、
その後再挑戦し、復活を果たした。

ビジネス界でも成功した。

アメリカ・プロバスケットボールリーグ
NBAを有名にした、
歴代最高のポイントガード。

NBA50周年のときには、
「歴代の偉大な50人の選手」
のひとりに選ばれている。

彼は50歳になった今もその言葉を信じない。

そして人生に
マジックを起こし続けている。

あなたの人生にも
マジックはいくらでも起こせる。

「君には無理だよ」
その言葉を信じなければ。

その言葉を発する人は
ドリーム・キラー。

ドリーム・キラーには耳をかさず、
自分のまわりを情熱であふれ、
夢を持った人たちでかためよう。

あなたは夢をかなえるために生まれてきた。
あなたは幸せになるために生まれてきた。
あなたは愛されるために生まれてきた。

あなたはひとりではない

ある人が、神様と砂浜を歩く夢を見た。
後ろを振り向くと、２人分の足跡が残っていた。
しかし、人生を振り返ってあることに気づく。
自分の人生の中には、
ひとり分の足跡しかないところがあるのだ。
それは、その人が人生でもっともつらく、
悲しいときだった。
その人は神様に尋ねた。
「どうして、あのときは
一緒に歩いてくれなかったのですか？」

神様は答えた。

「愛する我が子よ、
私はあなたを見捨てたりはしない。
そのひとり分の足跡は、
あなたを背負って歩いた私の足跡だよ」

この「神様の足跡」のように
人生を歩んだひとりの女性がいる。

彼女は夫と離婚し、実母が亡くなり、
収入もなく、
生まれたばかりの娘を抱えて
どん底の生活を送っていた。

それは自殺まで考えるつらい時期だった。

暗くせまいアパートに住み、
国からの生活保護を受けながら娘の世話をし、
就職するために、勉強を続ける日々。

そんな彼女の心を支えていたのは、
小説を書くことだった。

娘が眠っているわずかの間、
近所の小さなカフェで夢中になって原稿を書いていた。

彼女は書き上げた原稿をある出版社に送ったが、
返事はＮＯ。
ほかの出版社にも送ったが、やはり返事はＮＯ。

それでも、彼女はあきらめなかった。
そしてやっと、ひとつの出版社からＯＫをもらう。
彼女の本が、ついに出版されたのだ。

題名は『ハリー・ポッターと賢者の石』
そう、彼女の名は、
J・K・ローリング。

この本は出版業界の常識を打ちこわす、
驚異的なベストセラーに。
200を超える国と地域で、67の言語に翻訳され、
シリーズの総売上数、約4億5000万冊！

彼女の個人資産は約1000億円に。
エリザベス女王の個人資産を超えている。

どんなに苦しいときも、
あなたは決してひとりではない。
すべてから見捨てられることはない。

神様がきっと、あなたを背負ってくれる。

強い決断をしよう

青年はスポーツの試合で背中を痛めた。

軍隊を志したが、
背中の傷が理由で拒絶された。

それでも青年はあきらめなかった。

体を鍛え抜き、海軍に入る。
そして、魚雷艇に乗り、戦争に出た。

そこで敵の艦隊と接触。
船体は引き裂かれてしまう。

そのとき、青年はまた背中を痛めた。

それでも青年は激しい痛みの中、
自分の体と仲間をロープでつなぎ、
小さな島まで泳いで、仲間の命を助けた。

そこで彼らは1週間、飢えと渇きに苦しむ。
軍の司令部は、
彼らが全員戦死したと思っていたのだ。

それでも青年はあきらめなかった。

青年はヤシの実にメッセージを刻み、
だれかに自分たちの存在を知らせようとした。
それがきっかけで彼らは軍に救出される。

戦争が終わると、
青年は戦死した兄の意志を継いで
政治家を志した。

そして、29歳で議員になる。

しかし、負傷した背中の傷の悪化で、
何度も手術が必要になり、
それが議員活動の障害となっていた。

それでも青年はあきらめなかった。

青年は強い決断をした。

人類の共通の敵である、
暴政・貧困・疾病および戦争と戦うと。
そして、人類を月面に送り届けると。

その強い決断は、
第35代アメリカ大統領を誕生させた。

決断のリーダー、
ジョン・F・ケネディ。

大統領選のとき、
「若すぎる」「経験不足だ」
と批判された彼は、
今も、アメリカの神話的リーダー。

すべては決断。

人生に早いも遅いもない。
今、やることを決断しよう。

あきらめないで、今、やろう。
あなたの夢は必ず実現する。
強い決断をしよう！

夢をかなえる秘訣は与えること

ミキサーのセールスマンをしていた男は、
あるレストランの調理法と商品を
とても気に入った。

そこで、その調理システムによる
フランチャイズ事業を始めた。

加盟してくれる人に対して、
彼は誓いを立てた。
「この人たちが収入を得るまで、
私は給料を取らない」

そう、彼は自分が「得る」ことより
先に「与える」ことを決断したのだ。

フランチャイズの加盟料もわずか950ドル。
ロイヤリティーはたったの1・9パーセント。
しかも、この調理システムを考え出した
マクドナルド兄弟へ
ロイヤリティーを分け与えた。

彼は来る日も来る日も
ミキサーのセールスで生活を支えながら、
このフランチャイズ事業の成功に情熱を注いだ。

事業が軌道に乗るまで、
自分の報酬はだれよりも後まわしにした。

やがて、このレストランは世界一に。

彼の名は、世界にマクドナルドを広めた
レイ・A・クロック。

彼は先に与えた。

しかし、その結果、
彼は多くのものを与えられた。

世界中の人たちが食べている、
ビッグマック、エッグマックマフィン、
フィレオフィッシュ……
これらのヒット商品は、すべて
加盟してくれた人たちのアイデアから生まれたメニューだ。

マスコットキャラクターの
ロナルドもそうである。

彼がこの事業で開発したヒット商品はなんとゼロ!
彼のビジネス・ファミリーがすべてを
与えてくれたのだ。

そして、彼は創業から亡くなるまでの40年間で、
マクドナルドを世界34カ国に
8000店もつくった。

先に与えることで
彼は約5億ドルの富を築いたのだ。

今日、あなたは何を「与えた」だろう？

夢をかなえる秘訣は先に与えること。

与えることは与えられること。

与えることで、
あなたにもたくさんのものが
与えられるはず！

拒絶は永遠に続かない

スターを夢見て、田舎から出てきた女性シンガーは
ある男性と出会い、コンビを組み、20歳でデビュー。

彼女のパワフルな歌唱力は
たちまち人気を博し、スターになる。

しかし、数々のヒット曲を出していたその影で彼女は、
私生活でもパートナーとなった男の暴力と
浮気に苦しめられた。

そして彼女は36歳のとき、
ステージをすっぽかし、夫から逃げ出した。

そのときの彼女の所持金は、わずか10セントと1ペニー。

その後、離婚して男から逃れることはできたが、
契約の問題で、コンビ時代の楽曲を歌えなくなる。
彼女はソロ歌手としての売り込みを始める。

しかし、ステージの仕事はほとんどなく、
5年間、場末のホテルやクラブのドサまわりばかり。
借金も増え、
ついには生活保護を受ける生活に。

挫折、拒絶、借金の日々……。

それでも、彼女は自分の売り込みをやめなかった。
だれに拒絶されようともまったく気にせず、
借金を返しながら、
必ず訪れる次のチャンスを待ち続けた。

彼女は知っていた。
拒絶は永遠に続かないと。

そして、そのチャンスが訪れる。

イギリスのあるバンドからゲストボーカルに招かれ、
その曲はみごと、全英チャートでスマッシュヒット！
ふたたび脚光を浴びることになった。

彼女の名は
ティナ・ターナー。

45歳、シングル「愛の魔力」が全米1位を記録。
グラミー賞最優秀レコード賞、
最優秀女性ポップボーカル賞に輝き、
トップスターとして華麗なる復活をとげた。

その後、デヴィッド・ボウイやブライアン・アダムス、
エリック・クラプトンと共演したデュエット曲が大ヒット。
映画の主題歌も話題となる。

そして、彼女の自伝は映画になった。

彼女は自分と未来を信じた。
人生は何度でもやり直せると。

復活のときが来ると信じていた。
人生は負けないようにできていると。

拒絶は永遠には続かない。

70歳になった彼女は、今も世界中で、
パワフルにライブを行なっている。

自分を信じる力

あなたが貧困家庭に生まれ、
顔面麻痺で言語障害となり、まわりからイジメられ、
両親が離婚し、
何十回もの退学処分を受けたら、
自分の将来に希望を持てるだろうか？

あるいは、そのような人を目の前にしたら、
あなたはどのように励ますことができるだろうか？

あなたが目標を見つけ、
極貧生活の中で勉強したにもかかわらず、
50回以上もオーディションで不合格になったら、
自分の能力に可能性を感じるだろうか？

あるいは、そのような友を目の前にしたら、
あなたはどのように
勇気づけることができるだろうか？

自分で考えたアイデアを
会社へ売り込みに行って、
何千回も断られたら、
自分の才能を信じることができるだろうか？

あるいは、それが我が子であったら、
あなたはどのように支援することができるだろうか？

あなたがやっと見つけた仕事先で、
「業界最低の賃金しか払えない」と言われたら、
それでも自分に価値があると思えるだろうか？

それでも自分に価値があると
信じられる人は
いないのではないだろうか？

いいえ！
こんなつらい体験をしながらも、
どんなときも、
だれになんと言われても、
最後まで自分の価値を信じた男がいた。

そう、あの映画『ロッキー』で有名になった
シルベスター・スタローンである。

彼は何千回の「拒絶」や「NO」に対して、
自分の価値を信じる力を
失わなかったのだ。

その後、
彼は1枚の名刺には書ききれないほどの
映画出演と受賞を続け、
『ロッキー』シリーズだけでも10億ドル以上を稼ぎ、
トップスターになった。

自分の価値は自分にしか決められない。
自分の価値を信じる力が夢をかなえる！

仕事が人生をつくる

少女は裕福な家庭に生まれた。
上流階級の暮らしの中で
彼女は自分の人生に疑問を持った。

16歳、
彼女は天の声を聞いた。

それは
「神様に仕えなさい」という声だった。

24歳、
社交界で人気者だった彼女は
病院で貧しい病人の世話をすることを決意。

そこである病人の死に遭遇する。

そのとき彼女は、
その死の原因は、看護の知識不足であると悟った。
彼女は天の声によって、自分の職業を確信した。

それは当時、だれもが嫌う
看護婦という職業だった。

「働く必要などない」
彼女の決断に両親は猛反対。

しかし、彼女は看護学校で学び始める。

31歳、
看護婦となる。

34歳、
戦争で苦しむ兵士のために
彼女は戦場に向かった。

戦地の病院は、
想像を絶するほど汚く、
まさに地獄だった。

しかし彼女はたったひとり、
不眠不休の奉仕によって
病院の衛生状態を驚異的に改善。

そして、
死の淵にある2000人もの兵士に
微笑み、言葉をかけ、なぐさめた。

彼女の名はフローレンス・ナイチンゲール。

白衣の天使と呼ばれた。

帰国後も、
昼間は看護の仕事と後輩の指導、
夜間は論文などの執筆活動を精力的に行なった。

40歳、看護学校を設立。

41歳、過労のため倒れる。
以後50年間、歩くことができず、
障害者として過ごす。

それでも、彼女はその生涯を終えるまでに
１５０冊の本と１万２０００通の手紙を書き、
看護の啓蒙活動に生涯をささげた。

90歳、永眠。

彼女は意味のある人生を送った。

彼女は教えてくれる。

「だれもがひとつは得意分野を持っているものだ。
この世界には
30万以上の職業があると言われているが、
そのすべてが自分に合わない
などということはないのである」

天職とは天が与えた職業。

職業は英語で「Calling」。

天の呼びかけ。

あなたにも天職がある。

神は仕事を通して人をつくる。
そして、人は
仕事を通して
意味のある人生をつくる。

あなたも天の呼びかけに耳を澄まそう。

まず、飛び立とう！

弁護士の父と、教師の母を両親に持つ
10歳の少年は、ある夢を持った。

少年は20歳になっても
その夢をあきらめることはできなかった。

彼はその夢を「５８００キロ、空の旅」として
決行することにした。

自分の飛行機を入手するために、
飛行機の曲乗りでお金を稼いだ。
その必死な姿を見た彼の家族も、資金を出してくれた。

ついに、彼は飛行機を手に入れた。

小さな窓と大きな燃料タンクしかないその飛行機に
夢のすべてを託した。

緊張と興奮で眠れないまま、
ニューヨークにある泥だらけの滑走路を飛び立った。

空にある星と太陽だけが頼りだった。
星が見えなくなるとき、途方もない不安にかられた。
単調なエンジン音が子守歌になり、必死で眠気と闘った。

「まだ限界ではないはずだ」
といつも自分を励まし、
33時間の空の旅を続けた。

そして、月が昇ってくるかのように、
地球の端から陸地が見えてきた。

それはパリのエッフェル塔だった。
彼はついにゴールへ到着した！
彼は世界ではじめて、大西洋単独無着陸横断飛行に成功した。
彼の名はチャールズ・リンドバーグ。
このとき、25歳である。
彼は、飛行ルートから何度も外れた。
そのたびに、海図を見て、何度も何度もルートを調整した。
彼は教えてくれる。
「何事が起ころうと、この瞬間、生きていることでたくさんだ」と。

だからこそ彼は、飛び立てた。
「ヨーロッパ全行程にわたる完全無欠な好天候の確報など待っていられるものか。今こそチャンスだ。よし、明け方に飛び出そう！」

人生に十分な準備などいらない。
すべての信号が青になるのを待っているのは準備ではない。臆病なだけだ。
まずは飛び立とう。
そして、飛びながら調整しよう！
夢へのルートは飛び立たなければ、調整できない。
勇気というガソリンをタンクにつめて、飛べ！

人生は伝説づくり

25歳の青年は友人と、
ある会社を始めた。
扱う品物は装飾品。

青年には情熱があった。

「人々に夢を与えたい」
「人々に希望を与えたい」
「人々に満足を与えたい」

そんな青年の情熱は
すばらしいアイデアを生み出した。

彼は
米国の銀製品における基準をつくった。
初代大統領の記念品をつくった。
1ドル札にある
米国の印章のデザインをつくった。
ダイヤモンド・リングの基準をつくった。

それだけではない。

彼は、お客様に喜ばれる
最高の商品を考え出した。
しかも、それはどんなにお金を出されても
決して売ることはないものだった。

その名は
「ブルーボックス」。

世界中の女性に愛されている、
世界中の女性を魅了する、
ティファニーの製品を納める
ブルーの箱である。

ブルーボックスは、
全世界の女性のあこがれとなった。

青年の名は
チャールズ・ルイス・ティファニー。

彼の情熱は
偉大なブランドをつくった。

彼の情熱は
偉大な伝説をつくった。

あなたも「情熱」と記された
夢の箱を持っている。
あなたにしかつくれない伝説がある。
人生は伝説づくり。
あなたの伝説は今から始まる。

失敗は新しい出発点

もし、失敗をしたら、
あなたはだれに打ち明けるだろう？
そのとき、そばにだれもいなかったら、
あなたはどうするだろう？

そんなときは、神様に手紙を出そう。
きっと、こんな素敵な返事が届くはずだ。

神様へ　「私は失敗をしました。私はおろかです」
あなたへ「それは勇気を持って行動した貴重な経験です」
神様へ　「私は失敗をしました。私は敗北者です」
あなたへ「それは成功への途上にある過程にすぎません」

神様へ　「私は失敗をしました。
　　　　　私は何も手に入れられませんでした」
あなたへ「それはまだ、成功を手に入れていない
　　　　　というだけのことです」
神様へ　「私は失敗をしました。私は人より劣っています」
あなたへ「それはもう少し時間がかかるという意味です」
神様へ　「私は失敗をしました。
　　　　　私は貴重な人生をムダにしました」
あなたへ「それはもう一度、新たな気持ちで挑戦する
　　　　チャンスが与えられているということです」
神様へ　「私は失敗をしました。もう、やる気が起きません」
あなたへ「それは違う方法で何かをすべきだという
　　　　教えなのです」

神様へ　「私は失敗をしました。
　これからも成功する気がしません」
あなたへ「それはもっと創造的な努力をしなさい
　ということです」

神様へ　「私は失敗をしました。私は見捨てられました」
あなたへ「それは、あなたがついに
　私を必要とするときが来たということです」

神様へ　「私は失敗をしました。もうすべておしまいです」
あなたへ「それは、やっとあなたが
　古い考えを捨てる日が来たということです」

神様は、
失敗して心が折れそうなあなたに
「積極思考」をプレゼントしてくれる。

もし、いつの日か、
あなたのお子さんや、かけがえのない人から
「失敗」の手紙が届いたら、
今度はあなたが神様に代わって
「積極思考」の返事を書いてあげよう。

この「積極思考」を提唱する
アメリカの牧師、
ロバート・シュラー博士が出演するテレビ番組は
30年間、世界中で放映され、
博士のもとには、年間２００万通を超す手紙が届けられた。

失敗とは決して終点を意味しない。
失敗は新たな出発点。

失敗したときは、勇気を持って新たな決心をしよう。
「私は成功します」と。

アイデアはどれも偉大

家族でアメリカへ移民してきた青年がいた。
青年は兄弟の繊維業を手伝った。

24歳、彼は新たなビジネスとして、
毛布やテントを売る行商を始めた。

しかし、テントの売れ行きは悪く、
在庫が山のように残った。

ふと気づくと、
世の中にはゴールドラッシュが沸き起こり、
一攫千金を狙う男たちが大勢集まっていた。

彼は男たちの作業ズボンの需要に目をつけた。

男たちは激しい労働に耐え抜く、
丈夫なズボンを必要としていたのだ。

売れ残ったテントの生地でつくったズボンは
一般的なズボンの10倍の値段で飛ぶように売れた。

37歳、彼の会社は4階建てのビルに。
彼は成功者の仲間入りをする。

43歳、ある男から
ポケットを破れにくく工夫した
ブルージーンズを見せてもらった。

その男のアイデアは
ポケットに金属鋲を打ちつけて
補強することだった。

彼と男は、ポケットのアイデアを特許として申請。
そのブルージーンズを「オーバーオール」と名づけ、
製造を始めた。

のちに会社の売上は20億ドルに達し、
世界最大の既製服メーカーになった。

彼の名はリーバイ・ストラウス。

57歳、彼はブルージーンズの頑丈な品質を
最大のセールスポイントにしようと考えた。

腰に
「もし、このズボンが破れたら取り換えます」
と記した皮のラベルつけたのだ。

このラベルには製品番号の「５０１」も記載された。

彼のアイデアは偉大なものになった。

73歳で彼が亡くなった後、
ブルージーンズは、若者のシンボルとなった。
130年以上もたった今も「リーバイス501」は
世界でもっとも売れているジーンズである。

アイデアはどれも偉大。それを実行すれば。

アイデアがうまくいかなければ、変えてみればいい。
人生もうまくいかなければ、変えてみればいい。

あなたの人生は
成功するようにできているのだから。

成功がゴールの人生ゲーム

「人生ゲーム」を知っているだろうか？
億万長者を目指して
運命のルーレットを回し、
カードを引いていくゲームだ。

このゲームで、あなたにこんなカードが出てきたら、
ゲームを続ける意欲が出るだろうか。

「結婚に失敗する」
「事業に失敗する」
「無一文になる」

「駐車違反で罰金が払えず、刑務所に入る」
「家賃滞納で家具や衣類を捨てられ、追い出される」

「朝から晩まで休みなく働く」
「ホームレスになる」
「泊まる場所がなく、駅のトイレで寝る」

実際に、現実の人生で
こんなカードを引き続けても、
成功をあきらめなかった男がいた。

彼の次のカードには、こう書いてあった。
「フェラーリに乗っている成功者と出会う」

彼は、成功者に、
どのようにしてフェラーリを手に入れたのか尋ねた。

株式ブローカーとして成功していたその男は答えた。
「毎日、決めた目標の数だけ電話をかけ、
投資物件の話をしたんだ」

彼はそのシンプルな答えに驚いた。

同時に、はじめは知識や経験がなくとも
一から学ぼうとする意欲、人一倍の情熱があれば、
必ず、成功できるんだと確信した。

彼は株式投資会社の研修社員となり、
懸命に働き、結果を出した。

ホームレス生活を脱出した彼は、
その後、わずかな資金と食卓テーブルひとつで
自分の会社を興す。

黒人や貧しい人々のために資金を運用する
その投資会社は大成功。

ついに、彼は億万長者になった!

男の名は
クリス・ガードナー。

億万長者となった男の人生は、
『幸せのちから』という映画になり、
世界中の人々を勇気づけている。

どんな境遇にあっても、
成功をあきらめない！

成功を夢見るのではなく、
成功を学び、実践しよう！
何度でも挑戦しよう！

成功はすべての人に与えられた
人生のゴールなのだから。

だれの評価も必要ない

男の子は発育が遅かった。


なかなか言葉をしゃべらなかった。

読み書きを覚えるのに、時間がかかった。

家族はとても心配した。


小学校に入学。

校風になじめず、何度も転校した。

中学も厳しい教育になじめず、転校した。

教師から、

「知的に遅れがあり、いつもばかげた夢を見ている」

と言われ、退学処分になった。

大学を受験し、失敗した。
翌年、大学に入学。
しかし、講義はほとんど欠席した。

大学の助教授を志望するが
不合格。
臨時雇いの代理教師に。

大学の博士号を取得するために
論文を書くが、
理解してもらえず、
受理されなかった。

あなたは彼の人生にどんな評価をしますか？

失敗、絶望、不運……。

それでも、彼は論文を書き直し、
5つの論文を提出。

30歳で博士号を取り、大学の助教授となる。
32歳で教授に。

37歳、物理学の新理論を発表。

42歳、ノーベル物理学賞受賞。

彼の名はアルバート・アインシュタイン。

20世紀最大の物理学の父と呼ばれる。

彼は言う。
「私はだれにもまったく期待しない。
だから幸福なのさ」

彼はだれからの評価も期待せず、
大好きな研究を続けてきた。

彼は世の中でもっとも重要な
幸福の理論を知っていた。

幸せは自分が選択するもの。
だれとも比較せず、
だれの評価も必要としない。

あなたの人生は、他人が評価するものではない。
自分が大好きなことに情熱を傾けよう。
情熱は絶望を希望に変える。
あなたの人生には大きな希望がある。

未来を想像しよう

貧乏な家庭に生まれた少年は、
父親を尊敬できなかった。

中学生になるとその貧しさをうらみ、
父親と対立した。

生活のため、つらい仕事を転々とした父親は
肺がんで亡くなる。

父の死後、少年の考えは大きく変わった。

世の中には、
父のように一生懸命働いても、
それが報われない社会や組織があることに気づいたのだ。

少年はそのとき、心に誓った。

いつか自分が何かをするときには、
がんばった人が報われる組織をつくることを。
彼は、自分の理想とする会社を想像した。
その会社を自分が経営する未来を想像した。

やがて少年は大学を出て、セールスの仕事につく。

出張で訪れたシアトルのお店で、
彼の人生を変える1杯のコーヒーと出会う。

その店は、当時めずらしかった
イタリアンカフェ。
店名はスターバックス。

彼はそのコーヒーにほれ込み、未来を想像した。
このイタリアの文化がアメリカ中に広がり、
みんながコーヒーを楽しんでいる姿を。

1杯のコーヒーに真心を込めて、
お客様の1日をねぎらう。

いっしょに働く従業員にも真心を込めて、
やりがいのある職場をつくる。

彼はだれもが不可能と思える夢を想像し、
情熱を燃やした。

彼は
スターバックスをフランチャイズ化し、
そのコーヒーを世界に広めようとしたのだ。

コーヒーに対する彼の情熱と、
従業員を自分と同じ経営者として、
パートナーとして大切に扱う
彼の経営理念は大成功を収める。
彼の名はハワード・シュルツ。
彼の情熱は世界50カ国へと広がった。

リーダーは未来を想像する人。
リーダーは未来に挑戦する人。
リーダーは人々に未来を与える人。

愛する力は備わっている

その赤ちゃんは生後3週間で百日咳にかかり、
心臓が停止する。
しかし、母親の必死の心臓マッサージにより
生き返る。

9歳、両親が離婚。
10歳、祖父のもとへ。
12歳、バレリーナになる。

そのころ、戦争で親戚が銃殺される。
兄弟も強制収容所へ。

食料はなく、植物の球根を食べて飢えをしのぐ日々。
彼女は栄養失調で、貧血、呼吸困難、内臓疾患に。

16歳、看護婦になる。
戦争が終結。無一文からの再出発。
19歳、映画やテレビの端役の仕事を始める。
21歳、準主役になる。
23歳、映画の主役になる。タイトルは『ローマの休日』。
その作品でアカデミー主演女優賞を獲得。

彼女の名は
オードリー・ヘップバーン。

その後は
『ティファニーで朝食を』『マイ・フェア・レディ』
など19本の映画に出演。

名曲「ムーン・リバー」は彼女をイメージして作曲された。

母親の愛を受け、
世の中の多くの人からも愛と名声を受けた彼女は
59歳で引退。

彼女は、今まで与えられた愛を
今度は世界の子どもたちに与える生き方を選ぶ。
国際連合児童基金（ユニセフ）の親善大使に就任。

戦争直後の子どものころ、
食糧と医療の援助を受けた彼女は
戦争で苦しんでいる子どもたちに
母の愛と笑顔を届けた。

63歳、ガンで亡くなる。

彼女は教えてくれる。

「愛は行動なのよ。
言葉だけではだめなの。
言葉だけですんだことなど
一度だってなかったわ。
私たちには生まれたときから
愛する力が備わっている」

彼女の美しさは
心の美しさ、
人を愛する力からにじみ出ているものだった。

愛は与えるもの。
人生を終えてのちに残るものは
与えたものである。

チャンスに出会う準備

ある弁護士は、
44歳のとき、
国の政策に反対し、逮捕される。
そして、国家反逆罪で終身刑となり、
島流しにされる。

27年間の投獄生活から釈放されたとき、
71歳になったその男が語った言葉は、
「私は生き残ったのではない、
準備をしていたのだ！」
だった。

その後男は、議会のリーダーになり、
74歳で人種差別のない選挙を実施。
75歳でノーベル平和賞を受賞。
そして、南アフリカ共和国の大統領に就任。
77歳で国の憲法をつくり上げた。

自然界に季節があるように、人生にも季節がある。
冬には冷たい逆風が吹き荒れる。
しかし、必ず冬は終わり、春が来るのだ。

大統領になった男の名は
ネルソン・マンデラ。

彼は、人生の冬の時代、
やがて来る春に向けて
準備していた。

生きて出所する！
国を変える！
大統領になる！
差別をなくす！

彼は素直な心で
十分な準備をしていたのだ。

冬はいい季節である。
必ず春が来るから。
準備ができるから。

あなたは今、どの季節だろうか？
どんな準備をしているだろうか？

今は冬でも、やがて季節は変わる。

春には種を蒔き、
夏の日差しを浴びて成長し、
秋には大きな実をつける。
楽しみだ。ワクワクする。

人生にも季節がある。

準備をしていれば、
必ずチャンスと出会う季節がやってくる。

与えることで豊かになる

中学1年生のトレヴァー少年は、
社会の授業で先生が出した、
「自分の手で世界を変える方法」の課題に対して、
「ひとりの人間が3人の人間に親切をし、
さらに親切を受けた者がそれぞれ3人に親切をしていく」
という計画を考え出した。

これは映画『ペイ・フォワード』の中に出てくる話だが、
実際にこの行動を起こした青年の話を
知っているだろうか?

貧しい家庭に生れ育った青年は
ある感謝祭の日に
他人からごちそうを贈ってもらった。

子どもだった青年はそのとき、大喜びし、
そして決心した。
「自分もいつか、だれかに
こんな親切ができるようになろう」と。

青年が18歳になったとき、そのときがやってきた。

彼は同じように食べ物に困っている
見ず知らずの貧困家庭に、
食べ物をプレゼントしたのだ。

その家族は涙を流して、そのプレゼントを受け取った。
プレゼントを渡した彼の目からも涙がこぼれ落ちた。
彼はこのとき、
与えることのすばらしさを学んだのだ。

それ以来、
彼はさまざまな施設や団体に寄付をするなど、
「プレゼントの習慣」を30年も続けている。

人生の秘訣とは、
与えること。

彼は今まで、なんと
１００万以上の家庭にプレゼントを贈っている。
そして彼は、与えることのすばらしさを
世界80カ国、５０００万人の人に教えている。
彼の名は
アンソニー・ロビンズ。
世界ナンバーワンのカリスマコーチ。

元アメリカ大統領のビル・クリントンや
イギリスの故・ダイアナ妃、
ソ連の初代大統領ゴルバチョフなど、
世界的リーダーが彼に教えを受けた。

彼の計画はきっと世界を変えるだろう。

あなたもまず、ひとりから始めてみよう。
たったひとりのために何かできることはないか、
考えてみよう。

あなたの笑顔を見せるだけでも
それが、すばらしいプレゼントになる。

人生を豊かにする秘訣は、与えること。
あなたにもできる。

——Pay it Forward!

批判を恐れるな

青年は新しいものを生み出した。
大人たちからはひんしゅくを買った。
抗議や罵声を浴びせられることもあった。
青年の表現やスタイルは
世間の親や教師から批判を浴びた。
新しいものを誕生させることは
痛みを伴う。
しかし、青年の情熱は
だれにも止められなかった。

トラックの運転手をしていた
18歳のその青年が生み出したものは、
今までにない新しい音楽だった。

質素な生活の中で、
母のために、４ドルを払って
スタジオ録音のレコードをつくった。

そのレコードが
音楽プロデューサーの目にとまる。

20歳、
彼の両親が音楽プロデューサーと契約。

21歳、
「ハートブレイク・ホテル」を発表。
大ヒット。

彼の独特のボーカル・スタイル、
パフォーマンスに
大人たちは激しい非難を浴びせた。
しかし、若者たちは熱狂的な支持をした。

彼の名は
エルヴィス・プレスリー。

ロックンロールによって
世界の若者に多大な影響を与えた。

そして、いつの日か
万人に愛されるシンガーとなった。

現在、彼は
キング・オブ・ロックンロールと称される。

１４９曲が全米チャート１００位以内。
１１４曲が40位以内。
68曲が20位以内。
38曲が10位以内にランクイン。

18曲が全米１位に輝く。

そして、31本の映画に出演した

しかし、彼は酒もたばこもやらず、
数え切れないほど多くの団体に
匿名で寄付をしていた。

42歳、死去。

亡くなるまでの7年間で
１０００回以上のステージをこなす。

大統領は、
「彼は世界中の人々にとって
米国の活力、反逆精神、明るい気質の
象徴であった。」
とメッセージを送った。

また、彼に影響され、
数多くのアーティストが生まれ、
数多くのジャンルが生まれた。

彼は教えてくれる。

「批判されたくないなら、
何もせず
何も言わなければよい。
しかし、それは
生きていないのと同じことである」

変革は痛みを伴う。

批判を恐れるな。
失敗も恐れるな。

夢を見る力と
夢を生きる勇気は
あなたの中に備わっている。

真夜中のキャンドル・サービス

男は人生に疲れていた。
人生にみじめさを感じていた。

今日という日が自分の誕生日であることを
この世の中のだれも知らないという
むなしさを味わっていた。

そして、この誕生日に
バースデー・ケーキのひとつも買えず、
満足な食事にもありつけない、
自分の人生を悲観していた。

あと数分で自分の誕生日がすぎようとするとき、
男は考えた。

「せめて、
ロウソクに火を灯し、
自分の誕生日を祝ってやろう」

男は、白いお皿の上に
ロウソクを自分の歳の数だけ並べていった。

その後、男は疲れと空腹の中、深い眠りに落ち、
不思議な夢を見た。

男の前にロウソクに火をつけてくれる人が次々現れて、
男に話しかける夢だ。

「誕生日、おめでとう。
私も1日1回の食事もまともにできない無名の男です。
でも、いつか必ず、超一流の俳優になってみせます」

――ジム・キャリー

「誕生日、おめでとう。
私も何も買えない貧乏暮しです。
でも、このノートに書いた詩と曲で
世界一のバンドになってみせます」

――ポール・マッカートニー

「お誕生日、おめでとう。
私も生活保護を受け、苦しい毎日です。
でも、この『ハリー・ポッター』という小説で
必ず、ベストセラー作家になります」

――J・K・ローリング

「お誕生日、おめでとう。
私も今はポケットにわずか37ドルしか入っていないわ。
でも大丈夫。私は世界ナンバーワンのシンガーになるから」

――マドンナ

「誕生日、おめでとう。

俺も生活費がなく、大事なペットも手放したよ。

俺もひとりぼっちさ。

でもきっと自分の映画でハリウッドスターになってやるさ」

――シルベスター・スタローン

男は目を覚ますと、心に誓った。

「私の人生に必要なものは、お金ではなく夢なんだ。

私は本当になりたい自分になろう」と。

ロウソクの代わりに
男のハートに情熱の炎が灯されていた。

「Happy Birthday !」

あなたはひとりではない。

あなたの人生は祝福されている。

偉人の人生を歩もう

あなたは人より知能が劣っていると
感じたことがあるだろうか？

あなたは人より記憶力が悪いと
思ったことがあるだろうか？

あなたは両親との大事な約束を
破ったことがあるだろうか？

あなたは未成年のとき、好奇心から
タバコを吸ったことがあるだろうか？

あなたはだれかの財布から
お金を盗んだことがあるだろうか？

あなたは緊張でひざが震え、
頭が混乱し、
仕事場から逃げ出したことはあるだろうか？

あなたは人がいやになって、
仕事中、ほとんど人と口をきかなかったり、
部屋にひきこもったりしたことはあるだろうか？

あなたがそんな経験から
自己嫌悪に陥ったときは、
この凡人のことを思い出してほしい。

その男は、そのすべてを経験した。
数々のあやまちを犯してきた。

だからあやまちを犯す人を、
自分と同じ人間であると考えた。

そして、人を許し、人を信頼し、
人を愛した。

だからこそ、
人々を傷つける暴力や差別が
許せなかった。

男はひとりで立ち上がった。

男は非力だった。

それでも武器や言葉など何も使わずに戦った。

男は非暴力で愛と平和を唱えた。

神は、そんな非力な凡人を
国の偉大な指導者にした。

偉人の名は
マハトマ・ガンジー。
インド独立の父。

天才は生まれつき。偉人は思いつき。

自分がなろうと思えば、
だれでもえらい人になれる。
偉人もみな、はじめは凡人なのだ。

「ひとりの人間に可能なことは
万人に可能である」

あなたも決めよう。
偉人の人生を歩むことを。

人生にオーダーしよう

男は大学を卒業して、
出版社に就職した。

しかし、
自分の仕事とは思えなかった。

セールスマンの仕事も
トラックの運転手も
自分の仕事ではなかった。

毎日が不完全燃焼だった。

アパートで貧乏暮し。
夢も希望も消えていた。

男は子どものころの
自分の夢を思い出してみた。
自分が生まれてきた目的は何なんだろう？
自分が本当にやりたいことは何なんだろう？
男は思い出した。
夢がよみがえってきた。
「そうだ！
私は教師になりたかったんだ」
男は気づいた。
「そうか！
私は人生に、何もオーダーしていないではないか」

男は
「教師になりたい」と
オーダーを出していなかったのだ。
男は決断をした。
「私は教師になる！」
教師になるためならなんでもやる！
教師になる道はいくらでもある！
男は教師の職を探して、
いくつもの大学をまわった。
何度も断られた。
そして、ついに
夜間学校の講義の仕事を得た。

その仕事は歩合制で、
講義を受ける生徒がいなくなれば、クビになる。

男はこのチャンスに賭けた。

自分にできることは何か、
必死に考えた。

そして、男は
その夜間学校の講義で話し方の授業を始めた。

男は自分にできるすべてのことを
この授業で試した。

すると、
男の情熱に触れた生徒たちが
講義に積極的に参加し、学ぶようになった。

男の人生は成功に向かった。
男の夢は実現に向かった。

男の人生は
夢と希望に燃える毎日へと変わった。

男が生徒のために
情熱を込めてつくり上げたテキストは
70年たった今も世界中で読まれている。

『人を動かす』というその本は
自己啓発書の元祖。
1500万部という
驚異的なベストセラーになった。

人生を変えた男の名は、
デール・カーネギー。

彼は人のために生きる人生を見つけた。
慈善活動にも積極的に参加し、
莫大な寄付を行なった。

あなたはなりたい自分になれる！

人生にオーダーしよう。
あなたの夢をオーダーしよう。

夢と希望の人生は
あなたがオーダーしなければ始まらない。
人生はあなたのオーダーに応えてくれる。

内なる才能

こんな履歴書を見せられたら、
あなたはこの青年を採用するだろうか？
この青年にどんな仕事を与えるだろうか？

8歳　学校入学。翌年、退学。
9歳　再入学。翌年、退学。
10歳　家業の石けん製造業に従事、退職。
12歳　兄の印刷会社に入社。
17歳　退職。
18歳　別の印刷会社に入社。退職。
20歳　商社に入社。退職。
21歳　印刷会社に再入社。退職。

もし、その青年の「内なる才能」に気づかなければ、
あなたは世の中に大きな損失を与えたかもしれない。

青年のその後の履歴書は、

22歳　印刷会社を独立開業。
23歳　新聞を発行。
25歳　全米初の図書館を設立。
26歳　本を出版。
30歳　国会の書記になる。
32歳　国営印刷所の最高経営者になる。
全米初の消防署を創設。
42歳　国営郵便局を創設。
45歳　大学を創立。
71歳　アメリカ独立宣言の草案をつくる。
84歳　死去。葬儀は国葬となる。

これは彼が成しとげた功績の
ほんの一部。

もし、アメリカが彼を「採用」しなかったら、
今、アメリカは
存在していないかもしれない。

彼の名は、
ベンジャミン・フランクリン。

アメリカ建国の父。
究極のアメリカン・ドリームと称される人物。

彼の顔は
万人が目にする100ドル札に
印刷されている。

彼はたった2年の学校教育しか受けていないが、
自分の「内なる才能」に気づき、
自分で磨きをかけた。

偉大な成功者は私たちに教えてくれる。

「成功に必要なものは、
今、あなたの中にすべてある」
ということを。

あなたの中に内なる才能が眠っている！
あなたの内なる才能に気づき、磨きをかけよう。

あなたの成功は約束されている！
世界があなたの成功を待っているのだ。

出会いは恵み

少年の父親は大学教授で、
ろうあ者の話す能力を向上させる方法を
考案した人だった。

少年の母親は
ろうあ者だった。

母親は、音を聞き入れる器具を使い、
話す訓練をして、
ピアノの教師となった。

少年は両親の情熱に出会い、感動した。

そして少年も、言葉の訓練をする教師となった。

彼はろうあ者への
発声指導の第一人者となる。

さらに
ろうあ者のための音響器具を研究した。
そのころ、電気工の男と出会い、友人に。

この出会いが
彼にとって大きな恵みとなり、
彼は電話機を発明した。

彼の名は
アレクサンダー・グラハム・ベル。

彼はアメリカにおける
二大発明家のひとりと称される。

音の強さの単位デシベルの「ベル」は
彼の名前から取られたものだ。

その後、彼は聴覚検査機も発明。

彼はろうあ者に
希望を与え続けた。

彼の名を知ったヘレン・ケラーの両親は
彼のもとを訪ねた。

そして、彼は
ヘレンに
アン・サリヴァン先生を紹介。
その出会いは奇跡を生んだ。

彼は教えてくれる。
「出会いは恵みである」と。

出会いが発明をつくる。
出会いが奇跡を生む。
出会いが幸せを築く。
出会いが夢をかなえる。

成功の種

貧しい家庭に生まれたジョンは、
10歳から家計を助けるために父の仕事を手伝っていた。
そして、そのお駄賃10セントをコツコツ貯金していた。

あるクリスマスの日。
ジョンはその貯金で愛する母へのプレゼントを買うため、
小さな心を躍らせて、装飾品店へ。
そこできれいなブローチを買った。

ところが、その後すぐに、別のもっとよい商品が目に入り、
取りかえてほしいと店主にお願いをした。

しかし、店主は言った。「それはできない」と。
実はジョンが買ったものは売れ残りの商品だったのだ。

店主の言葉は、
どれほどジョンの心を傷つけたことだろう。
そこでジョンは決心をした。
「もし、ぼくが商売を始めたら、
いつでも商品を交換できるようにしよう」

また、別の日、ジョンがある店に入ったときのこと。
自分の欲しいものがなかったので店を出ようとしたところ、
店の主人に捕まった。

そして、
「店に入ったら、何か買わなければ失礼だろう」と、
いやいや商品を買わされたのだ。

そこでジョンは決心をした。

「もし、ぼくが商売を始めたら、
お店の商品を自由に見ていいことにしよう」

この経験がのちのデパート王、
ジョン・ワナメーカーを誕生させることになった。

彼は、
「商売とは、
お客様のことを第一にしなければならない。
お客様を幸福にするものでなければならない。
商売は奉仕だ」
という考えのもとにアメリカ初の百貨店をつくった。

そして、返品制度や正札販売、特売セールなどを
最初に考え出したのだ。
母の日にプレゼントを贈ることも彼の発案によるものだ。

「何事でも、自分にしてもらいたいことは、
ほかの人にもそのようにしなさい」

14歳から通い始めた教会で
聖書から学んだこの言葉は
ジョンが大切にしているもうひとつの教えだ。
この教えは、今も多くの成功者が教訓にしている
有名な黄金律である。

あなたは小さいころ、どんな教えを授かっただろうか？
子どものころ得た教えは成功の種。
その種をうめたままにしていないだろうか？
あなたにも成功の種が必ずある。

夢はかなうためにある

少年トーマス君の夢は
パイロットだった。

小さなころから大切にしてきた夢だった。

しかし、大人は
トーマス君の夢をこわしてしまった。

「君のような勉強が苦手な子に
パイロットは無理だ」
と夢を取り上げた。

トーマス君は傷ついた。

大人はさらに彼にレッテルを貼りつけた。
「君は成功できない」と。
「君は学習障害なんだ」と。

実際、彼は文章を読むことができなかった。

文字を読もうとすると、
文字が逆に見え、頭痛になり、
精神が不安定になった。

それでもトーマス君はあきらめなかった。

夢をかなえるために、
あらゆる手をつくした。

そして23歳、
ついに彼の目の前にチャンスが訪れる。

それは、
戦闘機F-14のパイロットになるチャンスだった。
彼は喜んで訓練を受けた。

そして、ついに彼の夢は実現した！

その夢は世界中のスクリーンに映し出された。
映画『トップガン』となって。

映画は大ヒット。
彼は一躍トップスターとなる。

彼の名は
トーマス・クルーズ・メイポーザー4世。

俳優、トム・クルーズの本名だ。

トーマス君はレッテルを信じなかった。
だからこそ、夢は思わぬ形でかなった。
彼は俳優となり、32本の映画に出演。
3つの会社を経営。
自分の映画会社も所有し、
映画プロデューサーもこなしている。
そして彼は今、
パイロットの免許を持って、空を飛んでいる。

レッテルを信じるな。
レッテルをはがせ。

他人の評価があなたの未来ではない。

情熱は伝わっていく

あなたが最後に
だれかと握手をしたのはいつだろう。

記憶に残る握手は、
だれとの握手だろう。

握手をしたとき、
何が伝わってきただろう。

愛情、友情、感謝、希望、勇気、情熱……。

握手は心の情報交換。

情熱のバトン。

17歳の夏、少年は出会った。
少年はその日、握手に出会った。

少年にとってそれは
熱い熱い握手だった。

その握手は、
少年の人生を一瞬にして変えた。

父の死、母との別居、義父の暴力。
不遇のときを過ごしていた少年の抱いていた
つらい感情を
その握手が一掃した。

握手から受け取った情熱は
少年に大きな夢と決断を与えた。

少年はその日、決断した。
心から尊敬する、
握手をしてくれたその人のようになってみせると。

どんなことが起きても、
その決断を忘れなかった。

あの日の握手は30年後、
少年をアメリカ大統領にした。

少年の名は
ビル・クリントン。

そして、情熱の握手をしてくれたのは
当時のアメリカ大統領、
ジョン・F・ケネディ。

リーダーの情熱は
次のリーダーの情熱に火をつける。
リーダーがリーダーを生む。
情熱はリレーする。

情熱の人生を生きよう。

今日もだれかが
あなたの握手を待っている。
あなたの情熱を広げていこう。

人生最悪の日に知ること

青年は高校生のとき、父親と死別する。

大学で失恋をし、
父親代わりの叔父が自殺した。

ついには、自分も自殺願望に取りつかれ、
母のすすめで病院に入院する。

彼はそこで、挫折と絶望の淵にいる
同室の男に出会った。

その男の毎日は
だれひとり見舞う者もいない、
青年の想像を絶する孤独の日々だった。

青年は知った！

愛を与えてくれる人の存在が
どれほど大切かということを。

青年は知った！

この病棟にいる人々に必要なものは
薬ではなく、愛なんだと。

そして青年は決心した！

その愛を与える人になろうと。

青年は医師の忠告に逆らって退院し、
「愛の伝道者」になる準備を開始した。

情熱を燃やし、猛勉強を始めた。
大学に入り、医学も学んだ。

偉大なリーダーの書物、
著名な小説を読みあさった。

愛を与え合う家族や人々を観察し、研究した。

人と関わり、親しくなる訓練をした。
見ず知らずの人ともすぐに親しくなれるよう、
だれとでも笑顔を交わし、会話した。

愛の伝道者となるために訓練をした。

そして、青年は医師となり、
世の中には存在しなかった
愛と思いやりで治療を行なう夢の病院をつくった。

そう、彼は世界中の人々に愛を与える伝道者となったのだ！
青年の名はパッチ・アダムス。
本名、ハンター・アダムス。

彼の人生は
映画『パッチ・アダムス』となって紹介されている。

彼は病院に入院したあの日、
自分が何を知らなかったのかを知った。

人生最悪のあの日が、
彼の人生の転機となった。

人生最悪の日が
人生最良の日となったのだ！

怒りはパワー

自分が大切にしている宝物をだれかに盗まれたら、
あなたはその怒りを
どのようにコントロールするだろうか？

自分が偉業を達成したのに、
だれも尊敬してくれず、
みんなから拒絶されたら、
あなたはその怒りを
どのようにコントロールするだろうか？

自分が思っていることを話しただけなのに、
まわりから、ほら吹きだとののしられたら、
あなたはその怒りを
どのようにコントロールするだろうか？

自分の考えが社会に反していると罰せられ、
自分の資格や活動のすべてを
奪われたとしたら、
あなたはその怒りを
どのようにコントロールするだろうか？

ある男は、
その怒りを成功へのエネルギーへと変えた。

男の名はカシアス・クレイ。

12歳のとき、自転車を盗まれて警察に行くと、
「取り返したければ、
ボクシングでも習って、
盗んだやつをぶちのめしてやれ」
と言われた。

彼は、さっそくジムに通い、
アマチュア大会に出場。
優勝する。

18歳、ローマオリンピックに出場。
金メダル。

しかし、故郷に帰り、レストランに行ったとき、
黒人という理由で入店を拒否される。

その後、すぐにプロ入りして、19連勝。
22歳でヘビー級のチャンピオンに。

名前を
モハメド・アリに改名する。

彼はボクシングだけでなく、
人種差別と戦った。
また、ベトナム戦争の反戦運動で
国と戦った。

そのために、国からは
チャンピオンベルトと
ボクシングライセンスを剥奪され
3年間、活動停止。

28歳、裁判で無罪を勝ち取り、
試合に復帰。

32歳、黒人のルーツ、
アフリカで行なわれた試合で、
奇跡の逆転勝利。

ふたたびチャンピオンになる。

39歳、難病になり、引退。

しかし、彼は難病と戦いながらも
戦争と人種差別反対を
社会に訴え続けた。

そして、黒人解放運動の貢献が称えられ、
ドイツの平和賞を受賞。

肌の色が違うからと
レストランの入店を拒否された男は、
著名な人々から、
「彼は神からの人類への贈り物」
と称される男になった。

そして、
彼が差別を受け続けた祖国では、今、
彼と同じ肌の色と、
同じ経験を持つ男が大統領になっている。

怒りは決して悪いものではない。
問題は、怒りのベクトルをどこに向けるかだ。

怒りはパワー。

不可能を可能に変えるエネルギー。

彼は証明してくれた！

「不可能など、ありえない」
――Impossible is nothing.

心が幸せをつくる

彼の家は貧しかった。
家族が暮らす部屋はたったのひと部屋。
靴職人の父は病弱で、
11歳のときに死んだ。

彼は学校を出て、
歌手を目指すが挫折。

バレエ団に入るがこれも挫折。

その後も挫折を繰り返す。

大学も中退。

極度の心配性。
人づき合いが下手。
容姿がみにくい。
失恋の連続。

彼は旅に出て、
孤独な人生を過ごした。

しかし、彼に転機が訪れる。

23歳、
徒歩旅行中につづった旅行記を自費で出版。
その本が世間で話題になる。

そして、彼は童話を書いた。

あたたかい思いやりの心を描いた。

『裸の王様』
『みにくいアヒルの子』
『人魚姫』
『親指姫』
『マッチ売りの少女』
『赤い靴』
――彼の情熱は世界中の子どもの心に響いた。

彼の名は
ハンス・クリスチャン・アンデルセン。

その心は
だれよりも美しく、だれよりも幸せだった。

彼が70歳で亡くなったとき、彼の葬儀には
デンマークの皇太子や各国の大使をはじめ、
子どもからお年寄り、浮浪者までもが参列した。

彼は貧しかった少年時代を振り返り、
「私の少年時代は一遍の美しい物語であった。
物はなくても人は幸せになれる」
と言った。

人生は美しい物語。
人は幸せになれる。
心が幸せをつくるから。

情熱はすべてを引き寄せる

学生時代、陸上部だった青年は、
シューズの開発で
起業家になろうと夢を描いた。

青年は日本製のシューズに目をつけ、
アメリカで売ることを決意する。

帰国した青年は
大学時代の恩師に夢を話し、
恩師と500ドルずつ出し合って
会社を興した。

青年と恩師のほかに
社員はひとり。

青年は事業が成功するまで、
アルバイトしながら、
マイカーで靴の行商を続けた。

ビジネスパートナーとなった恩師は
オリジナル商品の開発を始めた。

ある日、自宅にあるワッフル焼き器を見て、
恩師はひらめいた。
「これで靴底をつくってみよう！」
神のひらめきだろうか……。

その結果、
これまでにない、
すばらしいクッションのシューズが誕生した。
名前は「ワッフル・トレーナー」。

社員は、夢の中に現れた、
ギリシャ神話の勝利の女神「NIKE（ニケ）」から、
社名を「ナイキ」にすること思いついた。
神のささやきだろうか……。

彼らはその後も性能の高いシューズを開発。

それらを選手に提供し、
スポーツ界に革命をもたらした。
神の贈り物だろうか……。

そして、彼らは無名の
新人バスケット選手に出会う。
名前はマイケル・ジョーダン。
神の導きだろうか……。

彼らは情熱のすべてを賭けて、その新人選手のために
「エア・ジョーダン」という
ハイテク・シューズを開発した。

日本製のシューズを7ドルで販売したあの日から22年、
青年の開発したシューズは
200ドルの「伝説のシューズ」になった。

彼の名はフィル・ナイト。

彼の会社、ナイキは株式上場を果たし、
アメリカでもっとも収益を上げた企業のひとつとなった。

情熱をかけよう！
情熱はすべてを引き寄せる。
情熱は神の祝福を呼び寄せる。

どれも挫折の理由にはならない

不器用な性格。
学校を中退。
母の死。

商売で破産。
莫大な借金。

恋人の死。
ノイローゼ。
不幸せな結婚。

友人にすすめられ選挙に出馬するが、
聴衆の無関心、マスコミの批判にさらされ、
落選。

さまざまな試練の中、
もし、挫折というものを受け入れていたら、
その男は世に名を残さなかっただろう。

男は無名で、貧乏で、無力だった。
だからこそ、自分と同じような弱い人々、
差別を受ける人々を守る政治家になろうと決意した。

38歳、男は国会議員になるが、
思いどおりの政治活動ができず、田舎に帰る。
47歳、もう一度選挙に出馬。しかし、落選。
49歳、再度、選挙に挑戦。しかし、落選。
それでも、男は挫折しなかった。

彼にとって、すべては出来事。
すべては経験。

経験は学習。
学習は次への情熱を生む。

そしてついに、男の情熱は民衆の心をとらえた。

男は、52歳のとき、
ほとんど資金がないまま
大統領選に立候補し、勝利。

アメリカ大統領となる。

男の名は
エイブラハム・リンカーン。
情熱の男。

「人民の人民による人民のための政治」

南北戦争中、
彼が行なった272語、3分足らずのスピーチは
歴代大統領の演説の中でももっとも有名だ。

彼の情熱は、今も、
アメリカン・スピリットとして生き続けている。

人生に起こる出来事は
すべて経験。

経験は学習。
次への情熱。

人生は情熱でできている。

非常識が世界を変える

あなたは、こんな男を友にできるだろうか？

自分勝手で頑固。
負けず嫌いで口が悪い。
理想が高く、完璧主義。
知識もないのにえらそう。

ある青年はそんな変な高校生に出会った。
しかも2人は、名前が同じ。

青年は、自分とは容姿も性格も
まったく正反対の変な男になぜか、ひかれた。

やがて、その変な男はゲーム会社に就職した。

変な男は、自分には知識がないからと、
自分の代わりに青年に仕事をやらせた。
その結果、「ブロックくずし」というゲームが完成。

この経験がきっかけとなり、
青年は自分でコンピュータをつくりあげてしまう。

しかし、ゲーム会社は
そのコンピュータにまったく関心を示さなかった。

一方、変な男は
そのコンピュータに計り知れない可能性を見出した。
そして、青年に会社をつくろうと言った。

変な男は、自分の車を売って資金をつくってきた。
青年は、宝物だったプログラム計算機を売った。

青年の名は
スティーブ・ウォズニアック、25歳。

変な男の名は
スティーブ・ジョブズ、21歳。

2人はガレージで小さな会社を設立した。
会社の名前はアップル。

それは常識をくつがえす
世界最強のパソコンメーカーの誕生だった。

彼らの情熱は
コンピュータに革命を起こした。

「簡単にインターネットにつながる
コンピュータをつくろう」

「ポケットに音楽ライブラリーを入れて
持ち歩けるようにしよう」
彼らのアイデアは人々の生活を変えた。
そして、世界を変えた。

世の中は非常識によって進化する。

常識で夢は描けない。
常識で可能性は見出せない。
見えないものが見えるから変なヤツ。
いつも変なヤツが世界を変えてきた。
常識を捨てよう！
人生は可能性であふれている。

希望の人になろう

不可能とは、どういう意味なのだろう。
不可能とは、いつ使う言葉なのだろう。
不可能とは、どのような状態なのだろう。
不可能とは、だれが決めるのだろう。

5歳で失明した少女の人生は、
幸せにはならないのだろうか。

8歳で母を亡くした少女の未来は、
明るく輝くことはないのだろうか。

アルコール中毒の父親と別れ、
弟も亡くして天涯孤独となり、うつ病となった少女に、
明日は見えないのだろうか。

盲目で、さらに精神分裂病になった少女に
希望はないのだろうか。

この世にはやはり、
不可能というものが存在するのだろうか。
でも、その少女は不可能を信じなかった。

少女は希望を本気で信じた。

14歳の彼女は
自ら盲学校への入学を強く希望した。
そして、何度も目の手術を受けた。
その結果、奇跡的に視力が回復し、
盲学校を首席で卒業。

そして、彼女は教師となる。
彼女は不可能という言葉を知らない。

そんな彼女がひとりの生徒と出会う。
その生徒の名はヘレン・ケラー。
目も口も耳も不自由な少女だった。

彼女は、
だれもが回復は不可能と思ったその少女を
闇から救い出した。

人はそれを奇跡と呼んだ。

彼女はそれを希望と呼んだ。

希望とは、人を成功に導く強い信仰。
希望がなければ何事も成就しない。

あなたには、今、
不可能と思えることがあるだろうか。

不可能かどうかは
あなたではなく、神が決める。
あなたにできるのは、希望を持つこと。

希望の人、
アン・サリヴァンのように。

檻の扉は開いている

少年は、悪を倒すヒーローにあこがれ、
テレビやマンガに熱中した。

高校に入るとカー・レースに熱中し、
レーサーを志した。

そしてレースで事故に遭う。
奇跡的に命を取りとめたが、レーサーの夢を断念する。
彼は、あらためて自分の人生の目的を考えた。
そして、新しい人生の扉を開いた。

「世の中の出来事の真実を
娯楽映画の中で描きたい」と!

彼はミッションを持って、
新たな人生を踏み出したのだ。

映画監督となるためのスクールに入り、
何本もの短編映画をつくった。

卒業後、映画会社に就職。

その後、
自ら映画制作会社を設立し、
映画をつくった。

若者たちが音楽やレースに夢中になった
ひと晩の出来事を映画にした。

タイトルは
『アメリカン・グラフィティ』。

監督は
ジョージ・ルーカス。

この映画は大ヒットし、
彼は一躍有名になる。

そして、子どものころ大好きだった
悪を倒すアクション・ヒーローのドラマを映画にした。

タイトルは
『スター・ウォーズ』。
世界的な大ヒットとなる。

そして、子どものころ一番好きだった、
日本の時代劇をベースにして
友人スピルバーグとつくった
『インディ・ジョーンズ』。

彼のミッション、夢、情熱は
映画業界を変えた。

そして、アメリカの映画産業は、
自動車や航空宇宙に匹敵する
巨大な輸出産業にまで成長した。

成功者となった彼は言う。
「すべての人は檻の中に入れられています。
でも檻の扉は開いているんです。
私はそこから一歩踏み出しただけです」と。

あなたは目的があって生まれている。
開いている檻の扉から今日、
一歩踏み出してみよう。

人生に意味を与える

16歳から、トライアスロンのプロとして活躍した少年は、
20歳になると自転車競技に転向。
全米チャンピオンになり、オリンピックにも出場。

21歳、プロに転向し、世界最大のレースで優勝する。

そんな順風満帆だった彼を悲劇が襲う。
25歳、医師から精巣腫瘍という
悪性のガンであることを宣告されたのだ。

しかも、肺と脳にも転移しており、
生存確率は50パーセントと告げられた。

しかし、医師の本当の診断は生存率20パーセントであった。

それでも彼はレース復帰への希望を捨てず、
一般的な治療を拒否し、リスクの高い手術を受ける。

その結果、彼は奇跡的に命を取りとめる。

すぐにリハビリを開始。トレーニングも再開。
26歳、自転車レースに復帰する。

死と向かい合って、彼は気づいた。

人々のやさしさの、人を愛することの、
生命のすばらしさに。

そして、これからは、仕事であった自転車レースを
ガンという病を
多くの人に知らせる活動にしようと誓った。
それが使命だと。

彼は自分の人生に、新たな意味を与えたのだ。

そして、彼は28歳で
ふたたび世界最大のレースに出場、優勝する。

このレースは走行距離3500キロ。
1日約200キロを3週間、
時速40キロ以上で走る過酷なレースである。

彼はなんと、それから7年間、
この世界最高峰の自転車レース
「ツール・ド・フランス」で優勝し続ける。

彼の名はランス・アームストロング。

引退後は、現役中から始めていた
ガン撲滅のチャリティー活動に従事。

２００９年、38歳の彼はふたたびレースに復帰した。
今、世界で８００万人のガン患者が命を
落としている世の中を変えるためだ。

人生に起こる出来事に意味はない。
自分が意味を与えるまでは。

彼は、自分の病気に意味を与えた。

「断言していい、
ガンはぼくの人生に起こった最良のことだ」

ガンがきっかけで、
彼は人生に意味を与えることができた。
人を愛すること、生命はすばらしいと。

すばらしい人生とは、
人生にすばらしいと意味を与えることだ。

はじめから成功していた

49歳、
ロックの殿堂入りを果たしたとき。
48歳、
年収77億円になったとき。
47歳、
世界41カ国で
アルバムのセールスが
ナンバーワンになったとき。
45歳、
世界中で
ベストセラー作家になったとき。

40歳、
グラミー賞を受賞したとき。

39歳、
映画女優として
ゴールデングローブ賞を受賞したとき。

33歳、
レコード会社と8億円で契約し、
社長になったとき。

30歳、
テレビCMで100万ドルの契約をしたとき。

27歳、
映画俳優と結婚したとき。

26歳、
シングルセールスが
全世界11カ国でナンバーワンを獲得したとき。
25歳、
ファーストアルバムが全米で４００万枚、
全世界で９００万枚売れたとき。
23歳、
デモテープをつくったとき。
21歳、
バンドを組んだとき。
20歳、
ウェイトレスをしながら、
プロにダンスを習ったとき。

19歳、
大学を辞めて、
ニューヨークに行ったとき。
11歳、
ダンスを始めて、情熱を持ったとき。

彼女はいつから成功したのだろう。
彼女ははじめから成功していた。
彼女が情熱を持ったときから
彼女は成功していた。
彼女の情熱は、
だれからの否定も恐れなかった。

だれからの意見にも流されなかった。

何事にも貪欲で、
何事もやりとげる
決意を持っていた。

彼女が家を出たとき
ポケットには37ドルしかなかった。

ごみ箱のハンバーガーを
口にしたこともあった。

しかし胸のポケットには
世界一の情熱がつまっていた。

彼女のアルバムは
全世界で2億枚以上売れた。

シングルヒットは
あのエルヴィス・プレスリーと
ビートルズの記録を抜いた。

世界一の情熱。
クイーン・オブ・ポップスと呼ばれる
彼女の名はマドンナ。

情熱を持って生きよう。

7人のサンタクロース

クリスマスの夜、
ある人が人生に限界を感じ、
もう死にたいと泣きながら眠りについた。
すると、さまざまな人と話をする夢を見た。

「聞いてください。
私は倒産しました。
恋人も失いました。
選挙に8回も落選しました」

「私もだよ。それが何か？」
——第16代アメリカ大統領　エイブラハム・リンカーン

「聞いてください。

私は言語障害です。入試に3度も落ちました。

選挙に2回も落選しました」

「私もだよ。それが何か？」

――イギリス首相　ウィンストン・チャーチル

「聞いてください。

私は知能が低いと言われました。

仕事を2度もクビになりました。

ある研究で1万回も失敗しました」

「私もだよ。それが何か？」

――発明王　トーマス・エジソン

「聞いてください。
私はなかなか言葉が話せず、
読み書きを覚えるのにも時間がかかり、
妄想癖があり、
どこの学校にも入れてもらえませんでした」

「私もだよ。それが何か?」

――20世紀最大の天才　アルバート・アインシュタイン

「聞いてください。
私はお店も、資産も失いました。
息子も亡くしました。
新しい仕事の売り込みは、
1000人以上に断られました」

「私もだよ。それが何か?」

――伝説の起業家　カーネル・サンダース

「聞いてください。
私は7回も事業に失敗しました。
5回も破産しています」

「私もだよ。それが何か？」

——自動車王　ヘンリー・フォード

「聞いてください。
私は想像力が乏しく、アイデアにセンスがないと
会社を解雇されました。
何度も破産を繰り返しています」

「私もだよ。それが何か？」

——アニメの神様　ウォルト・ディズニー

その人は夢の中で
7人の偉大なる凡人に出会った。

彼らから
どんなことにも傷つかない心と
あきらめない勇気をもらった。

成功するまで
何度失敗してもつきることのない
情熱をもらった。

その人のハートは
窓の外の雪をすべて溶かしてしまうほど
熱くなっていた。

人生に限界はない。
失敗を恐れてはいけない。

成功は
偉大なる失敗の連続から生まれる結果だから。
情熱を持って
偉大なる失敗を繰り返せる凡人が
世界を変える。

「Merry X'mas !」

——7人のサンタクロースより

おわりに

この満ち足りた世の中に、今、必要なものは何かと考えると、それは昔、何もない時代に偉人たちが持っていた情熱ではないでしょうか。

あなたの人生に過酷な試練が押し寄せたとしても、あなたが情熱を持って生きていれば、「人生はすばらしいものだった」と言えるのではないでしょうか。今、もし、あなたが情熱を失っているのであれば、この本によって情熱の炎を取り戻してください。

また、この本の内容をより深く学ぶことができるDVD『情熱思考』が全国のTSUTAYAで、レンタルできます（2010年6月25日以降レンタル開始）。ぜひこちらも見ていただけるとうれしいです（詳しくは、TSUTAYAビジネスカレッジのポータルサイト http://www.tsutaya-college.jp をご参照ください）。

情熱はあなたの夢をかなえます。情熱はどんな困難も乗り越えていきます。

情熱はあなたの人生を最高のものにしていきます。
あなたの人生がいつも「情熱思考」でありますように、心から祈っています。

最後になりましたが、この本を執筆する機会を与えてくださった私のメンターであり、夢実現法「宝地図」の提唱者でベストセラー作家の望月俊孝先生に心から感謝いたします。私は先生に出会い、宝地図ナビゲーターとして日本や海外で活動をさせていただく中で、自分の夢と仲間の夢を次々とかなえることができています。本当にありがとうございます。

また、いっしょに本をつくり上げてくれた中経出版の清水靜子さん、編集協力の小川由希子さんにもお世話になりました。おふたりの情熱に感謝します。

そして、私の「情熱思考」の人生をずっと支え続けてくれている、私の両親と妻の両親、妻の貴美、娘の楓、息子の昌哉、ビジネスパートナーの小田聡さんに心から感謝し、本書をささげます。

愛と感謝と尊敬を込めて。

登場人物プロフィール

ココ・シャネル
Coco Chanel（1883年－1971年）
フランス・オーベルニュ地方生まれのファッションデザイナー。本名は、ガブリエル・ボヌール・シャネル。11歳で母親が他界後、孤児院や修道院で育つ。「ココ」は愛称で、芸能界を目指し、カフェで歌っていた歌の題名が由来。1909年、帽子のアトリエを開業以後、「モード革命」を成しとげ、シャネルブランドを育て上げる。一流の男たちとの華やかな交際から恋多き女と言われながら、生涯独身を通した。

J・K・ローリング
Joanne Rowling（1965年－）
イギリス南西部ブリストル近郊のチッピング・ソドベリー生まれ。1994年、乳のみ子を抱え、生活保護を受けながら執筆した『ハリー・ポッターと賢者の石』が多くの文学賞を受賞。児童文学として高く評価され、多数の外国語に翻訳されて世界的ベストセラーとなる。以後2007年7月までにシリーズ7作を発表。年収約182億円は、「歴史上もっとも多くの報酬を得た作家」とされている。

レイ・A・クロック
Raymond Albert Kroc（1902年－1984年）
米イリノイ州オークパーク生まれの実業家。高校中退後、ペーパーカップのセールスマン、ピアノマン、マルチミキサーのセールスマンとして働く。1954年、マクドナルド兄弟と出会い、「マクドナルド」のフランチャイズ権を獲得、全米展開に成功。84年には世界8000店舗へと拡大（現在世界119カ国に約3万店を展開）。後年レイ・クロック財団を設立。メジャーリーグ球団の獲得などの活動を行なった。

スティーヴン・スピルバーグ
Steven Allan Spielberg（1946年－）
米オハイオ州生まれ、アリゾナ州育ち。17歳からユニバーサル・スタジオに勝手にもぐり込んで映画製作を学び、テレビ映画監督として契約。1974年に劇場用映画の監督としてデビュー以来、常に新しい題材や手法に挑戦し続けている。『ジョーズ』『E.T.』『バック・トゥ・ザ・フューチャー』『ジュラシック・パーク』など、監督、プロデューサーとして、数多くのヒット映画を世に送り出している。

アーヴィン・ジョンソン
Earvin Johnson Jr.（1959年－）
米ミシガン州出身のプロバスケットボール選手、実業家。ニックネームの「マジック」は、高校1年生のとき、36得点を記録した試合後、地元の新聞記者が名づけた。NBAの大スター選手で、歴代最高のポイントガードと称される（2002年殿堂入り）。1991年、HIV感染を理由に引退表明。その後、ブッシュ大統領の招きによりエイズ問題を扱う委員会に参加、現在も、エイズに関する啓蒙活動に務めている。

ジョン・F・ケネディ
John Fitzgerald Kennedy（1917年－1963年）
米マサチューセッツ州ボストン生まれ。ハーバード大学卒業後、海軍に志願入隊。1946年、下院議員に当選。52年には上院議員に選出される。その後、病気療養中に執筆した『勇気ある人々』で57年度のピュリッツァー賞を受賞。61年、史上最年少の43歳で第35代アメリカ合衆国大統領となる。キューバ危機を回避するなど外交面で大きな成果を上げたが、テキサス州ダラスでの遊説中に暗殺された。

シルベスター・スタローン
Sylvester Stallone（1946年－）
米ニューヨーク市マンハッタン区生まれ。売れない俳優として極貧生活を送っていたが、1975年、29歳のとき、わずか3日で書き上げた『ロッキー』の脚本が映画会社に気に入られる。映画会社との長い交渉の末、主役に抜擢されると、映画は大評判を呼び、一躍スターに。『ロッキー』はアカデミー賞最優秀作品賞を受賞。『ロッキー』シリーズ6作と、『ランボー』シリーズ5作が代表作。

チャールズ・リンドバーグ
Charles Augustus Lindbergh（1902年－1974年）
米ミシガン州生まれ。1927年に単葉単発単座のプロペラ機「スピリット・オブ・セントルイス」号でニューヨーク－パリ間を飛び、世界初の大西洋単独無着陸横断飛行に成功。31年には北太平洋横断飛行にも成功した。53年に大西洋単独無着陸横断飛行について書いた『翼よ、あれがパリの灯だ』を出版、翌年のピュリッツァー賞を受賞。晩年は、世界各地で環境保護活動に参加し、多額の寄付を行なった。

ロバート・シュラー
Robert Schuller（1926年－）
米アイオワ州生まれのテレビ宣教師、牧師。信念の力によって人生の成功を確実に手に入れる思考法「ニューソート」の第一人者。彼が出演したテレビ番組「アワー・オブ・パワー」は人々に深い感銘を与え、全米で圧倒的な人気を誇った。多くの著書を生み出し、「可能性の支配者」として世界中の尊敬と支持を得ている。彼が設立した教会「クリスタル・カテドラル」は建築物としても有名。

クリス・ガードナー
Chris Gardner（1954年－）
米ウィスコンシン州出身。投資会社・ガードナー＆リッチ社の創設者で現在CEO。2007年公開の映画『幸せのちから』のモデルで原作者。里親や親戚の家を転々とし、継父の暴力に悩まされた子ども時代、医師を目指すも挫折、医療器具セールスに失敗、など数々の苦難に見舞われるが、その後、大手株式投資会社の研修社員に。ホームレス生活をしながら正社員試験を突破。1987年に独立し、大成功を収める。

ティナ・ターナー
Tina Turner（1939年－）
米テキサス州生まれの歌手。16歳のとき、のちに夫となるアイク・ターナーに歌唱力を認められ、彼のバンドに加わる。1960年にアイク＆ティナ・ターナーとしてデビュー。多くのヒットを飛ばす。62年結婚し、2人の子どもが生まれるが、夫の暴力と浮気に苦しめられ75年離婚。1970年代後半は不遇の時代を過ごすが、のちにソロ歌手としてカムバック。84年には「愛の魔力」が全米1位を記録した。

フローレンス・ナイチンゲール
Florence Nightingale（1820年－1910年）
現イタリアのフィレンツェで裕福な地主貴族層の家に生まれる。20代前半に、慈善訪問の際に貧しい農民の生活を目の当たりし、人々に奉仕する仕事につきたいと考えるようになる。両親の長年の反対を押し切り、看護師に。1854年にクリミア戦争が始まると、自ら看護師として従軍。看護師を「白衣の天使」と呼ぶのは、彼女に由来する。夜回りを欠かさなかったことから、「ランプの貴婦人」とも呼ばれた。

チャールズ・ルイス・ティファニー
Charles Lewis Tiffany（1812年－1902年）
米コネチカット州生まれ。1837年、ジョン・B・ヤングとともに、ニューヨーク・ブロードウェイに文房具と装飾品の店「Tiffany&Young」をオープン。48年、2月革命から逃れたフランス貴族から宝石を入手。アメリカを代表する宝石商となり、「キング・オブ・ダイヤモンド」として広く知れ渡る。85年アメリカ合衆国公印のデザインを製作。現在も1ドル紙幣に使用されている。

リーバイ・ストラウス
Levi Strauss（1829年－1902年）
ドイツ・バッテンハイムのユダヤ人一家にレーブ・シュトラウスの名で生まれる。1847年ニューヨークに移住したのち、53年ゴールドラッシュに沸くサンフランシスコへ。英語読みのリーバイ・ストラウスとなり、雑貨商を開業。ヤコブ・デイビスが考案した金属鋲で補強した作業ズボンの特許を共同で取得し、ジーンズを誕生させた。これが、のちに「リーバイス」となる。

ハワード・シュルツ
Howard Schultz（1953 年－）
米ニューヨーク市ブルックリン生まれ。スターバックス コーヒー社の会長兼 CEO。1982 年、わずか 4 店舗しかなかった同社に入社。86 年、一時的に社を離れるが、87 年、地元投資家の支援を受け、同社を買収。以来、数々の重要な局面で実績を残し、会社を導く。90 年には、北米の民間企業としてははじめて、従業員を対象に年 1 回のストックオプションという形での株式提供を実現した。

ネルソン・マンデラ
Nelson Rolihlahla Mandela（1918 年－）
南アフリカ共和国の政治家、弁護士。大学在学中の 1944 年にアフリカ民族会議（ANC）に入党、反アパルトヘイト運動に取り組む。61 年、「民族の槍」という軍事組織をつくり、最初の司令官に。62 年 8 月に国家反逆罪で逮捕されて終身刑となり、以後 90 年 2 月まで 27 年間収監される。しかし 94 年の南ア史上初の全人種参加選挙で ANC は勝利し、大統領に就任。93 年にはノーベル平和賞受賞している。

エルヴィス・プレスリー
Elvis Aaron Presley（1935 年－ 1977 年）
米ミシシッピ州生まれ。11 歳からギターを始め、13 歳のときに一家でテネシー州メンフィスに移り住む。高校卒業後、精密金型会社勤務、トラック運転手をへて、歌手に。リズム & ブルースとカントリー＆ウェスタンの融合による新しいジャンル〈ロック〉を誕生させ、広める。キング・オブ・ロックンロール、キングと称され、ギネスに「もっとも成功したソロ・アーティスト」として認定されている。

ポール・マッカートニー
Sir James Paul McCartney（1942 年－）
英リヴァプール生まれの音楽家。1960 年代、世界の若者文化に多大な影響を与えたザ・ビートルズの中心メンバー。「イエスタデイ」「ヘイ・ジュード」「レット・イット・ビー」など、ビートルズの代表曲と言われる楽曲の多くを作詞作曲。世界でもっとも有名なシンガーソングライターのひとりで、現在も精力的に活動中。ギネスには「ポピュラー音楽史上もっとも成功した作曲家」に認定されている。

アルバート・アインシュタイン
Albert Einstein（1879 年－ 1955 年）
ドイツ・ウルム市生まれのユダヤ人理論物理学者。5 歳のとき父から方位磁石を与えられ、科学に興味を持つ。チューリッヒ連邦工科大学を卒業後、臨時の代理教員に。26 歳のとき、「光量子仮説」「ブラウン運動の理論」「特殊相対性理論」に関連する 5 つの重要な論文を発表。37 歳で一般相対性理論を発表。1922 年、42 歳のとき、光量子仮説に基づく光電効果の理論的解明によってノーベル物理学賞を受賞した。

オードリー・ヘップバーン
Audrey Hepburn（1929 年－ 1993 年）
ベルギー・ブリュッセル出身。子どものころからバレリーナになる夢を持っていたが、第 2 次世界大戦後は、家族の生活を支えるため、映画やテレビの端役をこなすようになる。映画『初恋』で演じたバレリーナの役で注目を集め、『ローマの休日』のアン王女役で一躍有名に。その後『麗しのサブリナ』『ティファニーで朝食を』『マイ・フェア・レディ』などに出演。1989 年の引退後は、ユニセフの親善大使に就任。

アンソニー・ロビンズ
Anthony Robbins（1960 年－）
米カリフォルニア州生まれのモチベーショナル・スピーカー、コーチ。貧困な家庭環境のため大学進学を断念。ビル清掃のアルバイトをしながら、2 年間で約 700 冊の成功哲学や心理学に関する本を読破し、セミナーや講演会に参加。その後、膨大な知識と経験を生かした独自のライブセミナーを展開、24 歳で億万長者に。クリントン元大統領、故・ダイアナ妃など彼の教えを受けた世界的リーダーは多数。

ジム・キャリー
Jim Carrey（1962 年－）
カナダ・オンタリオ州出身。本名はジェイムス・ユージーン・キャリー。コメディアンを夢見て、高校を中退後、15 歳で地元の舞台に。19 歳でロサンゼルスへ移住。舞台やテレビで下積みを続け、1984 年に映画デビュー。94 年、初主演の『エース・ベンチュラ』、同年の『マスク』が立て続けにヒットし、コメディ俳優として有名に。ミャンマー軍事政権の圧政に反対し、アウン・サン・スー・チーを支援している。

デール・カーネギー
Dale Breckenridge Carnegie（1888年－1955年）
米ミズーリ州生まれのビジネスセミナー講師、実業家。新聞記者、俳優、セールスマンなどさまざまな職業をへて、1912年、マンハッタンのYMCA夜間学校で話し方教室を開講。その後、人間関係を良好に築くデール・カーネギー・トレーニングを完成させ、D.カーネギー研究所設立。自己啓発書の元祖、『人を動かす』を出版、世界的なベストセラー、ロングセラーとなる。

アレクサンダー・グラハム・ベル
Alexander Graham Bell（1847年－1922年）
スコットランド・エディンバラ生まれの学者、発明家。父はろうあ者に発声法を教える専門家。大学で電信の初歩を学び、24歳でカナダに、26歳でアメリカに移住。ボストン大学の音声生理学の教授となる。鼓膜の研究から、電話の振動板の仕組みを思いつき、電話機を発明。1877年、ベル電話会社を設立。電子工学分野などで数多くの有能な人材を輩出する。同社は、米最大手の電話会社AT&T社の前身である。

トム・クルーズ
Tom Cruise（1962年－）
米ニューヨーク州生まれ。本名トーマス・クルーズ・メイポーザー4世。幼いころに両親が離婚し、母とともに各地を転々とする。高校卒業後ニューヨークで演劇を勉強。1981年映画デビューした後、『アウトサイダー』『卒業白書』などで徐々に頭角を現し、『トップ・ガン』の大ヒットでブレイク。『ミッション；インポッシブル』シリーズなど、映画プロデューサーとしても世界的ヒットを飛ばしている。

パッチ・アダムス
Patch Adams（1943年－）
米ワシントンD.C.生まれの医師。本名ハンター・アダムス。医学生時代、治療における愛と笑いの大切さに気づき、自らクラウン（道化）となって患者に接し始める。権威主義、ビジネス化した医療に反発し、1971年、共同体形式の病院施設「ゲズンハイト・インスティテュート」を設立。愛とユーモアを治療の根底に置き、無料で診察を行なっている。ロビン・ウィリアムズ主演の映画『パッチ・アダムス』のモデル。

マハトマ・ガンジー
Mahatma Gandi（1869年－1948年）
現在のインド・グジャラート生まれ。本名はモハンダス・カラムチャンド・ガンジー。1891年弁護士の資格を得て南アフリカで開業。そこで、インド人労働者の受けていた差別虐待に抗議し、平等権獲得闘争を指導。第1次大戦後は、インド独立のため、インド国民会議に加わり、不服従運動を展開。インド独立の父と呼ばれる。5回ノーベル平和賞の候補になったが、本人が辞退し、受賞にはいたっていない。

ベンジャミン・フランクリン
Benjamin Franklin（1706年－1790年）
米マサチューセッツ州ボストン生まれ。ボストンのロウソク製造業者の家に生まれ、12歳で兄の印刷会社に入社。その後、フィラデルフィアに移り、印刷業を開業。買い取った新聞社から出版した暦で財を成す。のちに政治活動に専念。1776年の「独立宣言」起草ではジェファーソンを助け、最初に署名した5人の政治家のひとりになった。また、避雷針などを発明するなど、科学の分野でも功績を残している。

ジョン・ワナメーカー
John Wanamaker（1838年－1922年）
米ペンシルベニア州フィラデルフィア生まれの実業家。デパート王。1861年、23歳で妻の兄、ブラウンとともに「オークホール洋服店」を開業。「顧客第一」「商売は奉仕」という考えのもとに、返品制度や、正札、大売出しなどを始めて実施。75年にフィラデルフィアでアメリカ初の百貨店を開業する。以後16の百貨店を展開。「母の日」の定着と法制化にも貢献。89年には逓信大臣も務めた。

ビル・クリントン
William Jefferson “Bill” Clinton（1946年－）
米アーカンソー州生まれ。本名はウィリアム・ジェファーソン・ビル・クリントン。高校在学中の1963年夏、ボーイズ・ネイションに参加、ホワイトハウスに招かれてケネディ大統領と握手。これがきっかけで自分も大統領になろうと決意。78年に32歳でアーカンソー州知事に当選。93年第42代アメリカ合衆国大統領に就任し、2期を務めあげた。永年の平和活動に対し、ガンジー平和賞が与えられている。

ハンス・クリスチャン・アンデルセン
Hans Christian Andersen（1805年－1875年）
デンマーク・フュン島出身の童話作家、詩人。1829年、旅行記『ホルメン運河からアマゲル島東端までの徒歩旅行』を自費で出版。さらに、35年に初の小説『即興詩人』を出版。ヨーロッパ各国で翻訳出版され、好評を博す。その後、『裸の王様』『みにくいアヒルの子』『人魚姫』『親指姫』『マッチ売りの少女』『絵のない絵本』など、ときを越えて読み継がれる数々の名作を生み出した。

エイブラハム・リンカーン
Abraham Lincoln（1809年－1865年）
米ケンタッキー州生まれ。第16代アメリカ合衆国大統領。彼が奴隷制反対を唱えて大統領に就任したことで、南部が反発。南北戦争につながる。1862年、奴隷解放宣言によって南部の黒人奴隷を解放。しかし、南北戦争の最末期の65年4月14日、暗殺される。南北戦争中、彼が行なった「人民の人民による人民のための政治」という演説は、民主主義の本質を語ったものとして世界的に有名。

スティーブ・ジョブズ
Steven Paul Jobs（1955年－）
米カルフォルニア州生まれの実業家。アップルコンピュータ社創設メンバーのひとり。自社の株式公開後、20代でフォーブスの長者番付に載り、話題となる。その後、自分が引き抜いて社長にしたジョン・スカリーにアップルを追われるが、1996年業績不振のアップルに復帰。97年に暫定CEO、2000年よりCEOに。プレゼンテーションのすばらしさ、ライバル企業の経営者をもひきつける人間的魅力で知られる。

ジョージ・ルーカス
George Walton Lucas Jr（1944年－）
米カリフォルニア州出身。レースドライバーを目指すが、事故で断念。USCフィルム・スクールへ入学し映画の世界へ。制作・監督した『アメリカン・グラフィティ』のヒットで一躍有名になる。その後、『スターウォーズ』や『インディ・ジョーンズ』シリーズなど、数多くの世界的ヒット映画を世に送り出している。黒澤明を尊敬しており、作品の随所には日本文化の影響が表れている。

モハメド・アリ
Muhammad Ali（1942年－）
米ケンタッキー州生まれ。旧名はカシアス・マーセラス・クレイ・ジュニア。12歳でボクシングを始め、1960年のローマ五輪・ライトヘビー級で金メダルを獲得。プロに転向し、無敗でヘビー級王座に。その後、通算19度の防衛を果たす。そのボクシングスタイルは「蝶のように舞い、蜂のように刺す」と表現された。人種差別との戦い、ベトナム戦争の際の徴兵拒否など、社会的にも多くの注目を集めた人物である。

フィル・ナイト
Hampson "Phil" Knight（1938年－）
米オレゴン州ポートランド生まれの実業家。1964年、オレゴン大学の元陸上部員だった彼は、大学時代の恩師・ビル・バウワーマンと日本から輸入したオニツカ（現アシックス）シューズを競技会場で販売する会社を興す。その利益をもとに、独自のシューズ開発に乗り出し、のちにブランド名を「ナイキ」に変更。革命的な高性能シューズと斬新な広告・マーケティング戦略で、大成功を収めた。

スティーブ・ウォズニアック
Steve Wozniak（1950年－）
米カルフォルニア州生まれの実業家。スティーブ・ジョブズとともにアップルコンピュータ社を創設。一般の人でも使いやすいパーソナルコンピュータ Apple I や Apple II をほぼひとりで開発した。経営方針の違いなどからアップルを退社したが、1997年に相談役として復帰。また、2000年6月、Apple II が今日のパーソナルコンピュータのすべての要素をもたらしたとして、発明家殿堂入りを果たした。

アン・サリヴァン
Anne Sullivan（1866年－1936年）
米マサチューセッツ州生まれ。3歳のときに患った目の病気の悪化により、5歳で盲目となる。9歳のときに母親と死別、結核の弟とともに救貧院へ移り住む。聴覚障害児の教育を研究していたアレクサンダー・グラハム・ベルの紹介により、ヘレン・ケラーの家庭教師となる。彼女の熱心な指導により、ヘレンは目・耳・口の三重の障害を克服。このことからアン・サリヴァンは「奇跡の人」と呼ばれた。

マドンナ
Madonna（1958 年－）
米ミシガン州生まれ。19 歳のときダンサーを志し、ニューヨークへ。下積みをへてパリで修業、帰国後ロック・シンガーとしてデビュー。83 年のファーストアルバムが全世界で 900 万枚をセールス。翌年のセカンドアルバム「ライク・ア・ヴァージン」は世界 11 カ国でチャート 1 位を獲得する。以後も、ヒット曲を連発。近年では「ポップスの女王」とも言われ、2008 年には、ロックの殿堂入りを果たしている。

トーマス・エジソン
Thomas Alva Edison（1847 年－ 1931 年）
米オハイオ州ミラン生まれ。正式には、トーマス・アルバ・エジソン。先生に対して「なぜ？」「どうして？」と質問を繰り返し、小学校をわずか 3 カ月で退学させられる。その後、母親に勉強を教わりながら、自宅の地下で実験に没頭した。21 歳のとき、自動投票記録機ではじめての特許を取ってから、自動電信機、蓄音機、白熱電球、発電機などを発明。生涯において 1300 以上の発明をし、発明王と呼ばれた。

ヘンリー・フォード
Henry Ford（1863 年－ 1947 年）
米ミシガン州出身。見習い機械工、ガソリンエンジン工などをへて、1891 年にエジソン照明会社の技術者となる。1903 年フォード・モーター・カンパニーを設立。08 年発表の T 型フォードは流れ作業による大量生産技術により生産量を大幅に増加。その後も世界初のベルトコンベア、1 日 8 時間労働の導入など、産業界に革新をもたらした。16 歳年上のエジソンとは生涯にわたり親交を続けたことも有名。

ランス・アームストロング
Lance Armstrong（1971 年－）
米テキサス州生まれ。21 歳、史上最年少で世界自転車選手権に優勝し、有名に。1996 年に精巣腫瘍を発病するが、病を克服し、99 年に、ツール・ド・フランスで個人総合優勝を果たす。以後前人未到の 7 連覇を成しとげ、引退。2009 年に現役復帰し、「TREK-Livestrong U-23」を創設。若手育成に力を注いでいる。また、ランス・アームストロング財団を創設し、ガン撲滅研究を進めている。

ウィンストン・チャーチル
Winston Churchill（1874 年－ 1965 年）
英オックスフォードシャー州ウッドストックのブレナム宮殿に生まれる。正式な名はウィンストン・レナード・スペンサー・チャーチル。第 2 次世界大戦中の 1940 年から 45 年、イギリスの首相に。戦後、再び首相となる。文才に長け、戦記や伝記を中心に 8 冊の著書がある。53 年、第 2 次世界大戦を描いた大作でノーベル文学賞を受賞。2002 年、BBC が行なった「偉大な英国人」投票で第 1 位を獲得した。

カーネル・サンダース
Harland David Sanders（1890 年－ 1980 年）
米インディアナ州出身。本名はハーランド・デーヴィッド・サンダース。カーネルとは、ケンタッキー州に貢献した人に与えられる称号。消防士、保険外交員、タイヤ売りなど、さまざまな職業を経験したのち、レストランを開業するが、高速道路の建設の影響で客が激減し、閉店。その後、自慢のフライドチキンの調理法を教えて歩合をもらうフランチャイズ商法を始め、ケンタッキー・フライドチキンを創業する。

ウォルト・ディズニー
Walt Disney（1901 年－ 1966 年）
米イリノイ州シカゴ出身。本名はウォルター・イライアス・ディズニー。19 歳でアニメ制作会社に就職し、アニメーターに。その後、自身で制作会社を興すが、破産。兄と創設したウォルト・ディズニー・カンパニーが急成長するも、契約トラブルであやうく倒産寸前に。そこで新しく生み出された「ミッキー・マウス」が人気となり、会社の再建に成功。1955 年にはカリフォルニア州にディズニーランドを開いた。

※本文の内容およびプロフィールは
2010 年 4 月現在のものです。

『THE BEATLES　アンソロジー』ザ・ビートルズ・クラブ／監修翻訳（リットーミュージック）
『ガンジー自伝』マハトマ・ガンジー／著　蝋山芳郎／訳（中央公論新社）
『デール・カーネギーに学ぶ成功発見の法則』ジャイルズ・ケンプ、エドワード・クラフリン／著　田中孝顕／訳（騎虎書房）
『フランクリン自伝』ベンジャミン・フランクリン／著　渡辺利雄／訳（中央公論新社）
『心に楽しい音を―グラハム・ベル夫妻伝』ヘレン・E・ウエイト／著　中鶴秀夫／訳（日本放送出版協会）
『ジョン・ワナメーカー人及その事業』有川治助／著（改造社）
『トム・クルーズ―非公認伝記』アンドリュー・モートン／著　小浜 杳／訳（青志社）
『マイライフ クリントンの回想（上・下）』ビル・クリントン／著　楡井浩一／訳（朝日新聞社）
『パッチ・アダムスと夢の病院』パッチ・アダムス、モーリーン・マイランダー／著　新谷寿美香／訳（主婦の友社）
『モハメド・アリ―その生と時代（上・下）』トマス・ハウザー／著　小林勇次／訳（岩波書店）
『ハンス・クリスチャン・アンデルセン 哀しき道化』アリソン・プリンス／著　立原えりか／監修　黒田俊也／監訳（愛育社）
『ジャスト・ドゥ・イット―ナイキ物語』ドナルド・カッツ／著　梶原克教／訳（早川書房）
『エイブ・リンカーン』吉野源三郎／著（童話屋）
『アップルの法則』林 信行／著（青春出版社）
『愛と光への旅　ヘレン・ケラーとアン・サリヴァン』ジョセフ・P・ラッシュ／著　中村妙子／訳（新潮社）
『ジョージ・ルーカス』ジョン・バクスター／著　奥田祐士／訳（ソニー・マガジンズ）
『ただマイヨ・ジョーヌのためでなく』ランス・アームストロング／著　安次嶺佳子／訳（講談社）
『マドンナ　永遠の偶像（アイコン）』ルーシー・オブライエン／著　宮田攝子／訳（二見書房）
『マドンナの真実』クリストファー・アンダーセン／著　小沢瑞穂／訳（福武書店）
『チャーチル』河合秀和／著（中央公論新社）
『エジソン（新装世界の伝記６）』大野 進／著（ぎょうせい）
『ぼくのフライドチキンはおいしいよ―あのカーネルおじさんの、びっくり人生』中尾 明／著（PHP 研究所）
『藁のハンドル』ヘンリー・フォード／著　竹村健一／訳（中央公論新社）
『創造の狂気　ウォルト・ディズニー』ニール・ゲイブラー／著　中谷和男／訳（ダイヤモンド社）

参考文献

『スティーブン・スピルバーグ—人生の果実』アンドリュー・ユール／著　高橋千尋／訳（プロデュースセンター出版局）
『ココ・シャネルという生き方』山口路子／著（新人物往来社）
『マジック・ジョンソン〜エンドレス・マジック〜』ジョージ・リベイロ／著　師岡亮子／訳（TOKYO FM 出版）
『ハリー・ポッター裏話』J・K・ローリング、L・フレーザー／著　松岡佑子／訳（静山社）
『JFK 未完の人生 1917−1963』ロバート・ダレク／著　鈴木淑美／訳（松柏社）
『ジョン・F・ケネディ』ギャレス・ジェンキンズ／著　澤田澄江／訳（原書房）
『成功はゴミ箱の中に　レイ・クロック自伝』レイ・A・クロック、ロバート・アンダーソン／共著　野崎稚恵／訳　野地秩嘉／監修・構成（プレジデント社）
『ティナ・ターナー　愛は傷だらけ』ティナ・ターナー／著　カート・ロダー／補筆　大河原 正／訳（講談社）
『シルベスター・スタローン—アメリカン・ドリームの復活』梶原和男／著（芳賀書店）
『ナイチンゲール（伝記 世界を変えた人々5）』パム・ブラウン／著　茅野美ど里／訳（偕成社）
『リンドバーグ—空から来た男（上）』A・スコット・バーグ／著　広瀬順弘／訳（角川書店）
『日本を愛したティファニー』久我なつみ／著（河出書房新社）
『いかにして自分の夢を実現するか』ロバート・シュラー／著　稲盛和夫／監訳（三笠書房）
『ブルー・ジーンズの文化史』出石尚三／著　リーバイ・ストラウスジャパン／監修（NTT出版）
『幸せのちから』クリス・ガードナー／著　楡井浩一／訳（アスペクト）
『アインシュタイン（伝記 世界を変えた人々19）』フィオナ・マクドナルド／著　日暮雅通／訳（偕成社）
『スターバックス成功物語』ハワード・シュルツ、ドリー・ジョーンズ・ヤング／著　小幡照雄、大川修二／訳（日経 BP 社）
『エレガントな女性になる方法—オードリー・ヘップバーンの秘密』メリッサ・ヘルスターン／著　池田真紀子／訳（集英社）
『オードリー・ヘップバーン（上）（下）』バリー・パリス／著　永井　淳／訳（集英社）
『愛と勇気をあたえた人々② ネルソン・マンデラ』リチャード・テームズ／著　森泉亮子／訳（国土社）
『ネルソン・マンデラ伝　こぶしは希望より高く』ファティマ・ミーア／著　楠瀬佳子、神野　明、砂野幸稔、前田　礼、峯　洋一、元木淳子／訳（明石書店）
『人生を変えた贈りもの　あなたを「決断の人」にする11のレッスン』アンソニー・ロビンズ／著　河本隆之／監訳（成甲書房）
『エルヴィス・プレスリー—世界を変えた男』東 理夫／著（文藝春秋）
『Jim Carrey Unmasked!』Roy Trakin／著（St Martins Mass Market Paper）

〔著者紹介〕
是久　昌信（これひさ　まさのぶ）
心理セラピスト、有限会社グレイス代表取締役
　1962年広島県生まれ。1995年32才で起業。資金ゼロ、人脈ゼロ、経験ゼロから２年間で250社の顧客企業を獲得。1999年に心理学をベースにした組織のマネジメントを実践し、自社の劇的な変化を体験した後、マネジメント・ノウハウの提供を決意。2001年マネジメント研修会社グレイスを設立。2007年これまで学び、実践してきた心理学、NLP、カウンセリングなどを融合した自己のマネジメント・ノウハウ「フローマネジメント®」を開発。現在、上場企業から個人事業家までさまざまな組織において、「最強のチーム」と「最高のリーダー」を実現するための研修・セミナー・コンサルティング及びコーチング、カウンセリングを実施している。

◇グレイスの公式サイト
http://www.teamgrace.co.jp/

◇問い合わせのメールアドレス
info@teamgrace.co.jp

本書の内容に関するお問い合わせ先
中経出版編集部　03(3262)2124

情熱思考　（検印省略）

2010年５月10日　第１刷発行
2011年３月14日　第５刷発行

著　者　是久　昌信（これひさ　まさのぶ）
発行者　杉本　惇

発行所　㈱中経出版　〒102-0083
東京都千代田区麹町3の2 相互麹町第一ビル
電話　03(3262)0371（営業代表）
03(3262)2124（編集代表）
FAX 03(3262)6855　振替 00110-7-86836
ホームページ　http://www.chukei.co.jp/

乱丁本・落丁本はお取替え致します。
DTP／キャップス　印刷／恵友社　製本／越後堂製本

ISBN978-4-8061-3702-3　C2034